Ender Şahinaslan (Ed.)
Önder Şahinaslan

Çok Katmanlı Mimariye Dayalı Siber Güvenlik

Ender Şahinaslan (Ed.)
Önder Şahinaslan

Çok Katmanlı Mimariye Dayalı Siber Güvenlik

Siber Önlem Sistemi (SOS)

Türkiye Alim Kitapları

Impressum / Künye
Bibliografische Information der Deutschen Nationalbibliothek: Die Deutsche Nationalbibliothek verzeichnet diese Publikation in der Deutschen Nationalbibliografie; detaillierte bibliografische Daten sind im Internet über http://dnb.d-nb.de abrufbar.

Deutsche Nationalbibliothek tarafından yayınlanan bibliyografik bilgiler: Deutsche Nationalbibliothek, bu yayını Deutsche Nationalbibliografie'de listeler; detaylı bibliyografik bilgi İnternet'te http://dnb.d-nb.de sitesinde mevcuttur.

Coverbild / Kitap kapağı resmi: www.ingimage.com

Verlag / Yayıncı:
Türkiye Alim Kitapları
ist ein Imprint der / yayınevinin bir ticari markasıdır
OmniScriptum GmbH & Co. KG
Bahnhofstraße 28, 66111 Saarbrücken, Deutschland / Almanya
Email / E-posta: info@omniscriptum.com

Herstellung: siehe letzte Seite /
Basım yeri: son sayfaya bakın
ISBN: 978-3-639-81395-1

TEŞEKKÜR

Bu eserin ana kaynağı olan doktora tezimin hazırlanmasında bilgi ve deneyimlerinden yararlandığım çok değerli danışmanım Prof.Dr.Mesut Razbonyalı'ya, desteklerini gördüğüm akademisyen hocalarıma, görüş ve uzmanlığından istifade ettiğim aynı zamanda bu kitabın editörü Dr.Ender Şahinaslan'a teşekkürlerimi sunarım.

Her zaman sevgi ve desteklerini esirgemeyen bana güç veren sevgili aileme ve kitabın yayımında destek olan yayıncı kuruluşa teşekkür ederim.

Dr. Önder Şahinaslan

İÇİNDEKİLER

KISALTMALAR DİZİNİ

Kısaltma		İngilizcesi	Türkçesi
ARP	:	Address Resolution Protocol	Adres Çözümleme Protokolü
ASP	:	Active Server Pages	Dinamik Servis Sayfaları
CERT	:	Computer Emergency Readiness Team	Bilgisayar Acil Durum Hazırlık Ekibi
CVE	:	Common Vulnerabilities and Exposures	Yaygın Güvenlik Açıklıkları
COBIT	:	Control Objectives for Information and related Technologies	Bilgi ve İlgili Teknolojiler için Kontrol Hedefleri
DDoS	:	Distributed Denial of Service	Dağıtık Hizmet Engelleme
DoS	:	Denial of Service	Hizmet Engelleme
DNS	:	Domain Name System	Alan Adı Sistemi
DHCP	:	Dynamic Host Configuration Protocol	Dinamik Sunucu Yapılandırma Protokolü
EGM	:	General Directorate of Security	Emniyet Genel Müdürlüğü
ESAPI	:	Enterprise Security Application Programming Interface	Kurumsal Güvenlik Uygulama Programlama Ara yüzü
FISMA	:	Federal Information Security Management Act	Federal Bilgi Güvenliği Yönetimi Yasası
FTP	:	File Transfer Protocol	Dosya İletim Protokolü
MAC	:	Media Access Control	Medya Erişim Denetimi
ICMP	:	Internet Control Message Protocol	Internet Denetim İletisi Protokolü
IDS	:	Intrusion Detection System	Saldırı Tespit Sistemi
ISO	:	The International Organization for Standardization	Uluslararası Standardizasyon Örgütü
IIS	:	Internet Information Services	İnternet Yayımlama Servisi

IP	:	Internet Protocol	İnternet Protokolü
NATO	:	The North Atlantic Treaty Organization	Kuzey Atlantik Antlaşması Örgütü
NIST	:	National Institute of Standards and Technology	Ulusal Standartlar ve Teknoloji Enstitüsü
OSSTMM	:	Open Source Security Testing Methodology Manual	Açık Kaynaklı Güvenlik Testi Metodoloji Kılavuzu
OWASP	:	Open Web Application Security Project	Açık Web Uygulama Güvenliği Projesi
UDP	:	User Datagram Protocol	Kullanıcı Veri İletim Protokolü
PEAP	:	Protected Extensible Authentication Protocol	Korumalı Genişletilebilir Kimlik Doğrulama Protokolü
SCADA	:	Supervisory Control and Data Acquisition	Denetleme Kontrol ve Veri Toplama
SMB	:	System Management Bus	Sistem Yönetim Servisi
SMTP	:	Simple Mail Transfer Protocol	Basit Posta Aktarım Protokolü
SSL	:	Secure Sockets Layer	Güvenli İletim Katmanı
SQL	:	Structured Query Language	Yapısal Sorgulama Dili
SOS	:	Cyber Caution System	Siber Önlem Sistemi
TCP	:	Transmission Control Protocol	İletim Kontrol Katmanı
TÜİK	:	Turkey Statistical Institute	Türkiye İstatistik Kurumu
VOIP	:	Voice Over Internet Protocol	Internet Protokolü Üzerinden Ses İletimi
VPN	:	Virtual Private Network	Özel Sanal Ağ
XSS	:	Cross-Site Scripting	Siteler Arası Komut Dosyası
WEP	:	Wired Equivalent Privacy	Kablolu Erişime Eşdeğer Gizlilik
WPA	:	Wi-Fi Protected Access	Wi-Fi Korumalı Erişim
WAN	:	Wide Area Network	Geniş Alan Ağı

ŞEKİLLER DİZİNİ

TABLOLAR DİZİNİ

BÖLÜM 1

1. GİRİŞ

Bilgi varlıkları ve veri tabanları artık izole bir alan olmaktan çıkıp uzaktan erişilebilir hale gelmiştir. Sanal uygulamalar sayesinde kritik öneme sahip verilere, uzaktan ulaşılabilmesi dolayısıyla siber tehlikeyle her an karşı karşıyayız. Diğer taraftan yeni nesil saldırı araçları küresel ölçekte siber güvenliği daha da karmaşık hale getirmiştir. Bilgi ve iletişim teknolojileri her geçen gün yaşantımızda daha çok yer almakta, bu durum teknolojilerdeki yeniliklere paralel olarak daha da artmaktadır. Bu sayede insanlar arası iletişim ve insanla makine/cihazlar arası iletişim, bilgi iletişim teknolojileri ve sanal ortamlar üzerinde gerçekleşmektedir. Beş milyarı insan ve beş milyarı makine olmak üzere yaklaşık on milyar olan iletişim halindeki nesne sayısının, 2020 yılında 24 milyara ulaşacağı öngörülmektedir. Bilgi sistemlerine yönelik saldırılar kurum bilgi varlıkları için hayati bir öneme sahiptir[1]. Bilgi teknolojilerine ait güvenlik açıkları, formlar ve guruplar aracılığıyla kısa sürede duyulmaktadır. Bu açıkları takip eden siber saldırganlar, parasal işlemlerin yürütüldüğü e-ticaret, e-bankacılık, e-finans gibi portal uygulamaları üzerinde büyük tehditler oluşturmaktadır.

Günümüzde ise kişisel ve kurumsal bilgiler; gizlilik, bütünlük ve kullanılabilirlik açısından hedef odaklı siber saldırılara maruz kalmaktadır[2]. Bunun sonucunda parasal ve itibari kayıplar yaşanmaktadır. Symantec firması 2012 yılı siber suç raporuna göre, ülkemizde siber suçların yıllık maliyeti 556 milyon $[3]. Bilgisayar ve internet güvenliği dolayısıyla siber güvenlik sistemleri, sanallaşan bir dünyada korunması gereken en önemli sistemler haline gelmiştir. Klasik savaşlar yerini siber savaşlara bırakmaktadır[4]. Saldırgan kişi ya da grupların yaptığı siber saldırılar kişileri, kurumları hatta ülkeleri zor durumda bırakmaktadır. ABD'nin eski ulusal güvenlik yöneticisi Mike McDonnell DNI'ın, "Bugün bir siber savaşta olsaydık A.B.D. kaybederdi" açıklaması siber tehditlerin boyutunu göstermektedir[5]. Enerji ve telekomünikasyon sistemlerine, finans sektörüne, askeri ve emniyet birimlerine yönelik bir siber saldırı, kitleler üzerinde çok büyük etki oluşturur.

Her kuruma ait bilgi varlıkları kendi özelinde bir risk değeri taşır. Bu varlıklar fikir, sanat, proje gibi kurum veya ülkeye ait geniş halk kitlelerini etkileyecek nitelikte kritik bilgi sistemleri olabilir. Bu altyapıyı oluşturan bilgisayar, sunucu, veri tabanı, yazılım, kullanıcı, ağ ve internet varlıkları siber tehditlere karşı korunması gerekir. Kurumsal bir işletmenin sahip olduğu varlıklar üzerinde olabilecek tehdit ve saldırılara karşı dayanıklı siber güvenli bir altyapının oluşturulması ve yönetilmesi amaçlanmıştır.

"Çok Katmanlı Güvenlik Mimarisine Dayalı Siber Önlem Sistemi" başlıklı kitabın ilk bölümünde, kapsam ve önemi ve anlatılmıştır. İkinci bölümde siber güvenlikle ilgili temel kavramlar, siber saldırılar ve bu saldırıların etkilediği sistemlerin yanı sıra bu alanda mevcut standartlar ve yasal düzenlemeler açıklanmıştır. Üçüncü bölümde kurumsal ağlarda siber saldırılara karşı önerilen çok katmanlı güvenlik mimarisi alt başlıkları ile birlikte ayrıntılı olarak tanımlanmıştır. Oluşturulan çok katmanlı güvenlik mimarisi, birçok kurum ve kuruluşun mevcut ağ topolojisine uygulanabilir formatta geliştirilmiştir. Dördüncü bölümde sızma test metodolojisi ve kullanılabilecek yazılım araçları ile keşif yöntemleri hakkında bilgi verilmiştir. Beşinci bölümde, günümüz siber tehditlerine karşı güvenli bir alt yapı kurarak, varlık, tehdit ve açıklıkların yönetilip raporlandığı bir "Siber Önlem Sistemi" uygulaması geliştirilmiştir. Bu yazılımla, bir sistem üzerinde bilinen tüm açıklıklara karşı kontrol ve önlemlerin alınması, kontrol listelerinin takibi, varlıklar üzerindeki güvenlik risk değerlerinin raporlanması sağlanmıştır. Açıklıkların kapatılmasına yönelik yama ve çözüm yöntemlerine ilişkin kaynak açıklık kütüphane bağlantıları eklenmiştir. Dinamik değişkenlere göre isterler ve risk seviyeleri hakkında bilgiler verilmiştir. Gerçekleştirilen sistem, aynı zamanda uluslararası bilgi güvenlik sertifikasını temin etmek için gerekli olan isterilerin ve zorunlulukların takip edilebildiği bir siber güvenlik iyileştirme sistemidir.

Eser bir bütün olarak değerlendirildiğinde, kurumsal işletmelere ait bilgi sistemlerinin daha güvenli hale getirilebilmesi için uygulanabilir siber önlem yöntemlerini ve çözüm önerilerini içermektedir.

BÖLÜM 2

2. GENEL BİLGİLER

2.1. Siber Kavramlar

2.1.1. Siber Tanımı

Siber kelimesi "sibernetik" kökünden gelmektedir. Sibernetik ise kendi kendine denge kurarak kontrol etme ve yönetme anlamındadır. İnsan yaşamı ile makinelerin yönetişimi şeklinde birbirleri ile bilgi alış-verişi olarak "Siber" terimi tanımlanabilir[6]. Günümüzde ise daha çok sanal erişim veya sanal yaşam olarak kullanılmaktadır.

2.1.2. Siber Güvenlik

Teknolojinin ilerlemesine bağlı olarak siber hayatın güvenliğinin (gizlilik, erişilebilirlik, aslına uygunluk ve inkâr edilemez bir bütünlüğün) sağlanması amacıyla gerçekleştirilen faaliyetler bütünüdür[7]. Siber ortama açık olan değerli bilgi ve sistem varlıklarının korunması amacıyla uygulanan politikalar, kılavuzlar, risk yönetim faaliyetleri, eğitimler, yazılımsal ve donanımsal güvenlik sistemlerini içeren sanal dünyayı kapsar. Bilgi, sayısallaştırılarak dijital ortama aktarılması sonucu üzerinde tutulduğu fiziksel ortamdan bağımsız hale gelmiştir. Ağ sistemleri üzerinden farklı alanlardaki veri sunucularına birden fazla kopya oluşturularak saniyeler içerisinde iletilmektedir. Siber güvenlik açıkları, bireysel, kurumsal ve ülkesel çapta telafisi mümkün olmayan kayıplara neden olabilmektedir. Bu nedenle siber güvenlik önlemlerinin askeri, kamusal, bireysel ve özel işletmeler başta olmak üzere ilgili tüm kritik bilgi ve altyapı sistemlerinde oluşturulması gerekmektedir.

2.1.3. Siber Tehdit

Kişisel veya kurumsal verilerin güvenliğini ihlal edip zarar verebilecek tüm siber saldırı girişimlerine “siber tehdit” denir[9]. Örneğin; sunucu ve web servis hizmetinin durdurulması(DDOS), kurumsal ve kişisel kimliklere zarar verecek girişimler, virüsler, trojanlar, sosyal medyadaki veri hırsızlıkları ve online sahtecilik gibi.

2.1.4. Siber Savaş ve Ordu

Sanal dünya üzerinden, internet ve ağ yapıları üzerinden bir kurumu, bir firmayı, bir topluluğu veya bir ülkeyi hedef alarak yapılan planlı saldırı türüne “siber savaş” denir. Sonucunda maddi, manevi zararlar vermeyi, sistemleri çökertip, servis veremez hale getirmeyi amaç edinir. Bir başka deyişle “siber savaş”, ekonomik, politik, siyasi veya askeri nedenlerle, bilgi teknolojileri kullanılarak bir topluluk üzerinde gerçekleştirilen organize saldırılardır[10].

Bir ülkeyi veya bir kurumu siber dünyadan gelebilecek tehlike ve tehditlere karşı koruyacak ve gerektiğinde karşı siber saldırılar gerçekleştirebilecek yetenekteki bilgi güvenliği uzmanlarının oluşturduğu yapıya “siber ordu” (cyber army) denir[10].

Gelişmiş ülkelerin sahip oldukları siber ordular modern teknoloji araçlarla donatılmıştır. Uzak menzilli bu araçların yönetilmesi ve kurgulaması, uydular üzerinden bilgisayar teknolojileri ile gerçekleşmektedir. Güçlü sinyal karıştırıcılar ve zararlı kodlar vb. araçlar kullanılarak milyon dolarlık yatırımlar bir anda işlemez hale gelebilir. Ülkeler savunma amacıyla, teknik deneyimli siber güvenlik uzmanlarıyla ve destek veren gönüllü sosyal topluluklarla siber savunma orduları oluşturmaktadırlar.

İlk siber ordu uygulamasını Amerika Birleşik Devletleri ve Kuzey Kore gibi ülkeler başlatmıştır[11]. Şu an Türkiye başta olmak üzere pek çok ülke, hem askeriyede hem de kamusal ve finansal sektörlerde, siber savunma grupları oluşturmaktadır.

2.1.5. Siber Casusluk ve Sanal Silah

Siber casusluk; bir kuruluşa veya kişiye ait özel belge ve bilgileri, bazı saldırı yöntemleri kullanılarak karşı tarafın bilgisi ve onayı olmadan ele geçirme şeklidir.

Sanal silah olarak; truva atı, fishing, ağ ve klavye dinleme, iz sürme, malware, virüs gibi zararlı tuzak yazılımlar kullanılmaktadır. Dünyada silah fiziksel güç olarak algılanır, sanal silah ise bilgi varlıklarına ve sistemlere yönelik yok etme, iz silme, hedef sistemlerden bilgi kaçırma gibi amaçlarla kullanılan, mekândan ve zamandan bağımsız saldırı araçlarıdır. Örneğin İran'a ait SCADA sistemlerine yapılan Stuxnet siber saldırısı, kötücül yazılımlarla gerçekleştirilen sanal silah güç gösterisidir[12].

2.1.6. Bilişim ve Bilişim Suçları

Bilişim, diğer bilimlerdeki olgular soyutlaştırılarak elde edilen verileri, algoritmalar yardımıyla işler[13]. Lojistikten medyaya, ev yaşamından güvenliğe kadar birçok alanda yeni nesil teknolojilere çağ atlatmıştır. Verinin toplanması, işlenmesi, depolanması ve iletişim ağları ile kullanıcıların hizmetine sunulmasında rol alan insan, iletişim ve bilgisayarlar etkileşimine "bilişim" denir[14].

Bilişim suçları, bir suçun bilgisayar veya bilgi teknolojileri aracılığı ile işlenmesidir. Bunlar; sahte veri üzerinden dolandırma, maddi veya manevi hırsızlık, itibar kaybettirme gibi suçlardır[15]. Bilgisayar suçları olarak da adlandırılan bilişim suçları; siber suçlar, internet suçları, ağ suçları gibi ifadeleri de içerisinde barındırmaktadır.

2.1.7. Siber Suçlar

Bilgi teknolojilerinde yaşanan hızlı gelişmelerin getirdiği kolaylıkların yanı sıra yeni suç işleme yöntemleri de gelişmiştir. Geleneksel suçların aksine siber suçları kanıtlamak ve cezalandırmak oldukça güçtür[16]. Suç örgütleri paraya ve güce ulaşmak için her türlü yolu meşru saymaktadırlar. Emniyet Genel Müdürlüğü 2011 suç raporuna göre, Tablo 2.1'de görüleceği üzere bilgi teknolojileri kullanılarak yapılan suç oranları oldukça fazladır.

Tablo 2.1 EGM 2011 Yılı Sanal Suçlar Olay Sayısı

SUÇ TÜRÜ	OLAY SAYISI	ŞÜPHELİ SAYISI
Banka ve Kredi Kartı Dolandırıcılığı	1.819	1.503
İnteraktif Banka Dolandırıcılığı	148	348
Bilişim Sistemlerine Karşı İşlenen Suçlar	1.791	1.898
İnternet Aracılığı ile Nitelikli Dolandırıcılık	112	285
Diğer	31	123
TOPLAM	**3.901**	**4.157**

Akıllı telefonlar ve mobil bankacılık uygulamaları üzerinden siber suçlarda artış gözlemlenmektedir. Kredi kartlarının sahte el terminalleri üzerinden manipüle edilerek kötüye kullanılması, sahte mesaj ve e-posta aracılığı ile telefon numaraları ve modellerinin öğrenilmesi en belirgin yöntemlerdir. Eğer kullanıcı sahte mesaja karşılık kişisel bilgileri gönderdiği takdirde; telefonuna, online bankacılık işlemlerinin yapabilmesi için bir dijital sertifikanın yüklenmesi bahanesi ile tuzak yazılım linki SMS mesajı ile gönderilmektedir. Bu sahte tuzak yazılımın telefona yüklenmesi ile kullanıcıya gerçek banka tarafından gönderilen parola doğrulama kodları dolayısıyla tüm mesajlar kurulan sahte yazılımda önceden tanımlanmış olan korsan kişilere cep mesajı olarak yönlendirilir. Online işlem için hesap sahibi asıl kullanıcı kişinin meşgul olduğu yani kullanmadığı zamanlar takip edilerek para aktarımları gerçekleştirilmektedir[8].

2.1.8. Siber Risk

Virüsler, truva atları, solucanlar, yetersiz ağ güvenliği yatırımları, yazılım ve port açıklıkları, yapılmayan güncellemeler, internete açık bilgi sistemleri, otomatik saldırı araçlarına kolaylıkla erişim, meraklı veya organize saldırganlardaki artış gibi etkenler ağ ve bilgi güvenliği üzerinde siber riski oluşturmaktadır. Varlıklar, tehditler, saldırı olasılıkları, alınan önlemler siber risk değerlendirmesi siber risk değerlendirmesinin birer bileşenleridir[17].

2.2. Siber Saldırılar

2.2.1. Kapsamı ve Tarafları

Son elli yıl içinde, teknolojik gelişmeler kişisel kullanımın yanı sıra, kurumsal ve profesyonel iş hayatında oldukça_yaygınlaşmıştır. İnternet teknolojileri sayesinde bu değişimle birlikte veride fiziksel mekân kavramı ortadan kalkmıştır. Dünyanın herhangi bir köşesinde kurgulanan saldırı senaryosu bir başka ülkeden ses getirebilmektedir. Zararlı yazılımlar özelleştirilerek bölgesel hedef odaklı hale dönüştürülebilmektedir. Siber saldırıların boyutu, etkilediği coğrafya ve zamanının önceden bilinmesi ve yönetilmesi oldukça güçtür.

Siber saldırılar tarafları ve motivasyonları bakımından incelendiğinde başlıca aşağıdaki şekilde gruplandırılabilir;

a) Saldırgan ve hacker gruplar
b) Muhalif veya muhalefet yapan gruplar

c) Ticari markaların rekabeti ve restleşmesi

d) Ülkeler arası gözdağı

Siber saldırılar, bilgisayar ağ yapıları kullanılarak sanal âlem üzerinden bir amaca dayalı bilgi ve iletişim sistemlerine yönelik psikolojik, ekonomik, stratejik, politik nedenlerle gerçekleştirilen organize saldırılardır. Bu alandaki saldırı türleri yukarıda açıklandığı şekliyle; siber savaş, siber suç, siber istihbarat, siber terörizm ve siber casusluk konularını kapsamaktadır. Siber saldırının zamanı ve yeri sınırlandırılamaz bir karmaşıklığa doğru gitmektedir. Ülkeler ya da çıkar odaklı bazı gruplar, rakipleri üzerinde kurguladıkları hain plan ve stratejilerini bu siber dünya üzerinden gerçekleştirmektedirler. Siber saldırganlar ve savunucuları arasındaki karşılıklı mücadele etkili bir savaş stratejisi haline dönüşerek dağıtık ve koordineli şekilde karşı tedbir almayı gerektirmektedir. Karşı koyabilmekteki en büyük zorluk, saldırıların çok geniş yelpazede gerçekleşmesi ve pek çok saldırı yöntemlerinin kullanılmasından dolayı uygun tedbirler alınmasındaki güçlüklerdir[18].

2.2.2. Saldırı Yöntemleri

Günümüz siber saldırı yöntemleri araştırıldığında, geliştirilen metotların genelde web servisleri üzerinde yoğunlaştığı görülmektedir. Websense güvenlik firmasının yayınladığı tehdit raporu incelendiğinde bu metotlar, gizli verilerin çalınması, sosyal medya tuzakları, gizli malware saldırıları, hedefli saldırılar, yayınlanmış exploit setlerinin kullanılması şeklindedir [19].

Sosyal medyanın oldukça yaygınlaşması bu alanın insan profili araştırmalarında tam bir veri madenciliği rolü üstlenmektedir. Özellikle kişilerin bu medya araçlarının birinden bulunduğu bölge veya seyahat bilgilerini paylaşmaları, yapılacak siber saldırının zamanı ve yeri hakkında yol gösterici olabilmektedir. Web üzerinden pek çok ilgi ve merak uyandıran yöntem ve yazılımlar kullanılarak, güvenlikte en zayıf halka olan insan zaafı kullanılmaktadır.

Genel olarak siber saldırıları şu alt başlıklar altında toplayabiliriz;

a) Bilgi ve istihbarat amaçlı casus yazılımlar (virüs, worm, trojan, keylogger, spyware vb.) kullanılarak gerçekleştirilen saldırılar,

b) Portal ve internet hizmetinin engellenmesine yönelik DoS/DDoS saldırıları

c) Yemleme (phishing) şeklinde hedefi yanıltma yoluyla bilgi çalma amaçlı,

d) İstem dışı elektronik posta (spam) yöntemiyle zararlı eklentiler gönderme,

e) Ağ trafiğini dinleme (sniffing veya monitoring) yapma,

f) Sosyal ağların yanıltıcı veya istihbarat amaçlı kullanımı,

g) Sahte şifresiz kablosuz ağ erişimleri oluşturularak üzerinden geçen verinin okunması,

h) Şifre gibi çok gizli bilgilerinin ele geçirilmesine yönelik çeşitli saldırılar.

2.2.3. Etkilediği sistemler

Siber güvenlik açısından bakıldığında, bilişim ve enerji teknolojilerini etkileyecek veya durduracak bir saldırı, bilgi sistemi ya da altyapılarda şu tür olumsuzluklara sebep olabilir;

a) Askeri ve savunma sistemleri,

b) Sivil ve toplumsal tesisleri,

c) Ekonomik ve finansal altyapılar,

d) İç ve dış güvenlik sistemleri,

e) Endüstriyel akıllı otomasyon ve SCADA sistemleri,

f) Enerji dağıtım ve yönetim sistem altyapıları

g) Su, elektrik, gaz, iletim-dağıtım ve fiziki işletim altyapı ve sistemleri,
h) Toplum sağlık, eğitim, ulaşım sistemleri,
i) Kamu düzeni, sosyal, politik ve kültürel çatışma ortamları,
j) Tarım, gıda, giyim üretim ve işleme tesisleri,
k) Kişisel mahremiyet ve mağduriyetler vb.

Özellikle toplum yaşamında günümüzün vazgeçilemez bir gereği olan kritik altyapı tesisleri hayatı öneme sahiptir. Telekomünikasyon ve iletişim altyapısı, kara, deniz, havaalanı ulaşımları, sağlık, bankacılık, sanayi, ticari ve askeri altyapı servisleri kritik altyapılardan bazılarıdır[20]. Bu yapıların ağ ve internet desteği sayesinde pek çok verinin anlık paylaşımlı şekilde çalışması birbirlerine bağımlı hale gelmişlerdir. Bu yapılar çoğunlukla uzaktan kontrol edilebilen tesislerdir. Birinde oluşacak siber saldırı ve hizmet kesintisi, ilişkili olduğu diğer servisleri de olumsuz etkileyeceğinden ciddi ve geniş kapsamlı felaketlere yol açabilir.

2.2.4. Kurumsal Boyutu

Bilginin kullanım alışkanlığı yeni nesil elektronik araçlarla farklı bir boyut kazanmıştır. Bireyler bulundukları yerlerden web tabanlı araçlarla işlemlerini yapar hale gelmiştir. Eskiden olduğu gibi iş takipleri kâğıt ortamında evraklarla, dosyalarla değil artık elektronik kayıtlar üzerinden yürütülmektedir. İşlerin bu şekilde yürütülmesi, çoğu kamu ve özel sektörü de dijital bilgi paylaşımına zorlamıştır.

Kamu kurumları, belediyeler, eğitim kurumları, üniversiteler, bankalar, şirketler, sağlık merkezleri gibi iştirakler bilginin üreteni ve kullanıcılarıyla paylaşanıdır.

Türkiye İstatistik Kurumunun verilerine göre, bireylerin kamu kurum ve kuruluşlarının verdiği web tabanlı hizmetleri kullanım oranı

%38,9 iken 2012 yılının aynı dönemlerinde bu oran %47,2'ye yükselmiştir[21]. Bu oranlar, hizmet takibinde e-portal araçlarının kullanım alışkanlıklarının arttığını ve her geçen gün daha da bağımlı hale gelindiğini göstermektedir. Kurumlardaki bilgi paylaşımları ve e-hizmet sektörlerine yapılacak siber saldırılardan en çok etkilenecek yine toplum bireyleri olacaktır. Siber saldırıların kurumlar üzerinde oluşturacağı belli başlı zararlar maddeler halinde şu şekilde özetlenebilir;

a) İmaj ve markanın zarar görmesine,
b) Paydaş ve müşteriler üzerinde güven kayıplarına,
c) Gizli ve mahrem bilgilerin izinsiz açığa çıkmasına,
d) Rekabetin ve politik gücün zayıflamasına,
e) Kritik altyapıların işlevsiz hale gelmesine,
f) Kurumsal hatta ülkesel boyutta güvenlik açıklarına,
g) Bilgi ve sistem erişimlerin durmasına, hizmet kesintilerin oluşması gibi pek çok maddi ve manevi kayıpların oluşur.

2.2.5. Siber Saldırılarda Durum Analizi

Kritik varlıklar üzerindeki fiziksel güvenlik önemini korumakla birlikte bilişim sistemleri üzerindeki sanal tehditler daha da sorgulanır hale gelmiştir. Merkezi kameralar, şifre korumalı veya parmak okuyuculu giriş-çıkış kayıt kontrolü, yangın, su baskını vb. güvenlik tedbirleri güvenliğin görünen boyutudur. Siber saldırı senaryolarının kurgulanıp ufak boyutta bazı örneklerinin yaşanmaya başladığı 2000'li yıllardan itibaren güvenliğin internet eksenli sanal boyutu konuşulmaya başlanılmıştır.

TUIK 2011 Bilişim teknolojileri hane halkı kullanım araştırmasında güvenlik problemi yaşayan kullanıcıların oranı 2010 yılında %24 iken 2011 yılında %40,8 oranına yükselmiştir. 2012 yılında internet kullanan beş kişiden biri İnternet üzerinden alışveriş yapıyor[21]. Siber saldırılar fazla kaynak harcamadan elde edilen çağımızın en etkili silahı olmuştur. DDOS atakları, stuxnet, hactivist aktiviteleri, ülkeler arası veri sızma girişimleri, ajan yazılımlar gönderme şeklinde etkisini göstermektedir.

NATO 2002 yılında Prag zirvesinde, terörizme karşı ortak eylem planı kapsamında bilgisayar kaynaklı sorunları da kapsayan NATO Computer Incident Response Capability (NCIRC) adlı planı geliştirdiler. Bu planda, siber saldırılara karşı sivil ve askeri unsurları koordine etme politikası benimsenerek 2012 yılında yayınlanan durum tespitine Tablo 2.2'de yer verilmiştir[22].

Tablo 2.2 NATO Siber Tehditlerine İlişkin Durum Tespiti

Pentagon'a ait bilgisayar sistemlerine günde 6 milyon, saatte 250.000 giriş yapılıyor[US Cyber Command 2010]
Hükümet ve kamu sektörüne ait her 35.8 e-postadan biri zararlı amaçlı içerik ve eklenti tespitinden dolayı bloke edilmektedir[Symantec, Eylül 2010]
2009 yılında, orta ölçekli şirketlerin %50'sinde siber güvenlik sorunu yaşanmıştır. %40'nın kurumsal ve ticari bilgilerine girilmiştir. Şirketlerin %75'i bir siber saldırı olayında şirketlerin iflas edebileceği endişesini taşımaktadır[McAfee, Ekim 2010]
Gerçek yaşamdaki altyapılar olan su ve enerji tesisleri, endüstriyel sistemler üzerinde siber tehditler oluşmaktadır. İlk yaşanan vaka "Stuxnet" solucanıdır[BBC,2010].
NATO güvenlik merkezi günlük yüzlerce siber olayla karşılaşmaktadır[NATO, 2010]

Symantec güvenlik raporu 2011 verilerine göre her kurumu hedef alan siber saldırılar önceki yıla oranla %81 oranında artış göstermiştir. Web sahteciliği ve eklentileri üzerinden yapılan saldırılar ise %36 oranında artmıştır. Şirketlerin siber suçlar yüzünden uğradığı kayıplar ise 2012 itibariyle yaklaşık yüzde 40 artış göstererek son üç yılda 2 katına ulaşmıştır. Bu ihlallerin en yaygın sebebi kayıp ya da çalıntı bilgisayar, akıllı telefon, harici bellek, yedekleme diskleri ya da şifresiz veri iletimi gibi taşınabilir cihazlardan kaynaklanan siber tehdit unsurlardır[3]. Uluslararası denetim ve danışmanlık firması Ernst Young tarafından Türkiye'de kriz yöneticileri düzeyinde yapılan bir kıyaslama çalışması sonucuna göre 2016 yılı için ilk öncelikli risk, "Siber Saldırı ve Devamlılık" olarak belirlendiği, siber saldırıların en büyük 10 küresel riskten biri olduğu belirtilmektedir. Yine siber güvenliğin olası finansal, operasyonel ve itibar sonuçlarının ve diğer kritik etkileri itibariyle organizasyonlar için somut ve kesin detaylarla öngörülemeyen, öncelikli bir risk unsuru olarak gün geçtikçe önem kazanmakta olduğu vurgulanmaktadır.

2.2.5.1. Siber Saldırı Türleri

Dünyada ve ülkemizde işlemlerin daha hızlı ve pratik olması için para akışının internet üzerinden kontrol edilmesi yaygınlaşmıştır. EFT, havale, sanal alış veriş, kredi kartları vb. yatırım araçları şeklindedir. Yapılan siber saldırılar daha çok tarayıcı tabanlı olup kullanıcının bilgisi olmadan, bilgisayarına zararlı yazılım bulaştırmak veya izinsiz/yetkisiz değişikliklerde bulunulmaktadır. Formlar aracılığı ile bu zararlı kodlar ve uygulama yöntemleri hızla yayılmaktadır. Bu kodlar html, image, java, javascript, activeX veya başka çalıştırılabilir yazılım formatlarında masum tarafta aktif hale getirmektedirler.

Bankalar arası Kart Merkezi'nin 2003 yılı için açıkladığı bilgiye göre ülkemizde kredi kart sayısı19.863.167 adetten 2007 yılında 37.335.179 âdete, 2011 yılında ise 50.781.602 adet olarak belirlemiştir. Bu rakamlara bakıldığında her 4 yılda iki katı oranında bir artış gözlemlenmiştir. Bu yoğun artış, kart bilgilerinin elektronik ortamda izinsiz ele geçirilmesinden sahte ATM düzeneklerinin kurulmasına kadar pek çok dijital düzenek kurulmasına sebep olmuştur. Sanal ortamda ise;

a) İnteraktif bankacılık bilgilerinin ele geçirilmesi,

b) Güvenlik adı altında sahte Java uygulamalarının kurdurulması,

c) Sahte kablosuz ağlar oluşturup aradaki veri trafiğinin okunması,

d) Web sitelerinin tuzak amaçlı benzerlerinin oluşturulması,

e) İsim benzerliği ile bazı harfler değiştirilerek korsan adreslere yönlendirmek,

f) Yanıltıcı e-postalar üzerinden bilgi elde etmek,

g) Klavye kaydediciler çalıştırılarak, veri hırsızlığı yapmak,

h) Karşı tarafa bazı tetikleyici yazılımlar kurdurularak bazı port ve disk paylaşımlarını aktif hale getirme,

i) Saldırganın yönlendirmesine bağlı olarak hedef bir site üzerinde hizmet engelleme(DDOS) saldırısı gerçekleştirme gibi güncel saldırılar gerçekleşmektedir.

DDOS yöntemini bazen hacktivist'ler adı altında politik, sosyal konular için duyarlılık veya protesto amaçlı insanlara seslerini duyurma şeklinde de gerçekleştirmektedirler. Ayrıca bunun suç olmadığını savunmaktalar. Ancak Ocak-2013 tarihinde Anonymous'un 2 üyesi mastercard, visa, paypal gibi finans şirketlere yönelik siber saldırı düzenlediği gerekçesiyle 18 ay hapis cezasına çarptırılmıştır.

2.2.5.2. Dünyadaki Durum

Dünyada siber güvenlik alanında bilinçlenme ve büyük değişimler genelde bir saldırı sonrasına rastlamıştır. Artık neredeyse pek çok gelişmiş ülke siber saldırıların her an olabilirliği konusunda bir farkındalığa sahip ve siber güvenlik alanında çeşitli ölçeklerde tedbir amaçlı yatırımlar gerçekleştirmektedirler. Applied Research araştırma şirketinin Ekim 2011'de 32 ülkeden 1.425 bilişim yöneticisi ile yaptığı ankette 12 ay boyunca siber saldırıların bir kuruma getirdiği ortalama maliyet 470.000 dolar civarında olduğu sonucuna varılmıştır[3].

ABD hükümeti siber saldırılarla mücadele etmek için günlük 12 milyon dolar harcamaktadır. ABD, Rusya, Çin, İngiltere, İsrail çok sayıda siber saldırı ve güvenlik uzmanı yetiştirmektedir. CIA Başkanı Leone Planette, İnternet üzerinden hükümet birimlerine karşı yapılacak en ufak saldırı karşısında en sert biçimde karşı saldırının gerçekleşeceğini, soğuk savaşların yerini siber teknoloji savaşlarının aldığını açıklamıştır[23].

Dünya üzerinde etkisini gösteren en önemli siber saldırılar;

a) 1998 Kosova'nın Sırp işgaline karşı NATO'nun Sırp hava savunma sistemlerini işlemez hale getirildi[24]
b) 2007 Rusya'nın Estonya'ya ait resmi kurum, finans, iletişim altyapısını 3 hafta işlemez hale getirildi. NATO 2008 de Estonya'ya siber savunma sistemi kuruldu. Estonya Savunma Bakanı Jaak Aaviksoo, "Ulusal güvenlik için bir tehdit oluşturan siber saldırılar artık kurgu bilim ürünü olmaktan çıkmıştır" şeklindeki açıklaması ile ülkesi için siber tehdit tehlike boyutunu ortaya koymaktadır[22].
c) 2007 Kırgızistan merkezi seçim sisteminin engellenmesi[25]
d) 2008 Rusya Gürcistan üzerinde Estonya saldırısına benzer bir hizmet engelleme saldırısı gerçekleştirilmesi.
e) 2009 ABD ve G.Kore'nin bazı bilişim sistemlerini Çin ve K.Kore'nin birlikte yaptığı saldırılarla hizmet dışı kalması
f) 2009 ABD'nin Çin ordusunun bilişim sistemine saldırısı
g) 2009 Brezilya'nın Itaipu barajı bilişim sistemine yapılan saldırı sonucu 22 saatlik elektrik kesintisi[26]

h) 2009 yılında İngiltere'de bir bakanlığa ait web şifreleri korsanlar tarafından ele geçirilmesi.

i) 2010 ABD İran nükleer tesislerini hedef alan ve nükleere destek veren Rusya ya da gözdağı vermek amacıyla SCADA sistemlerine yönelik kendi kendini kopyalayan stuxnet ile saldırdı. Nükleer yakıt tanklarında ciddi zararlara yol açması. İran da yaklaşık 63.000 bilgisayara stuxnet solucanı bulaşması.

j) 2010 Çinli siber saldırganlar arama motoru Google'ın e-posta hesaplarını ele geçirmeyi amaçlayan saldırıların düzenlenmesi

k) 2010 Wikileaks belgelerinin yayınlanması

l) 2011 İran ABD'nin insansız savaş uçağı şifrelerini kırması ve ele geçirmesi

Devletlerin adeta birbirine karşı siber saldırı aracı olarak kullandığı stuxnet trojanı özellikle USB aygıtları üzerinden yayılmaktadır. Stuxnet SCADA sistemlerini hedef almakta ve üretim sistemlerine kendi kodlarını enjekte edebilmekte olup windows açıklıkları ile ilgili bulaşma yöntemi Şekil 2.1'de gösterilmektedir.

Şekil 2.1 Worm Stuxnet. A Bulaşma Yöntemi

Bilgi güvenliği dünyasını yakından ilgilendiren enerji, petrol, su, termal çevirim santrallerinde kullanılan PLC kontrol yazılımları üzerinde etkilidir. Stuxnet'in bulaşmış olduğu PLC'lerdeki bütün kodlar incelense dahi virüs tespit edilememektedir. Böylece sistemlere enjekte edilen kodları saklayabilen ilk rootkit virüs özelliğine sahiptir.

Arkasında ABD, İran, Çin gibi bazı devletlerin olduğu tahmin edilen bu trojan nedeniyle kritik tesislerde tehdit önlemeye yönelik çok büyük yatırımlar yapılmıştır.

ABD başkanı Obama ülke genelinde ilk sanal orduyu kurarak başına Microsoft'un eski güvenlik şefini atamıştır. Görevi askeri sistemleri öncelikli olarak koruyarak tehdit algılanan diğer ülke sistemlerine saldırı gerçekleştirmektir[23].

2.2.5.3. Ülkemizdeki Durum

Siber tehditleri öngörmek ve bunlara karşı hazırlıklı olmak bir kurum veya ülke güvenliği için oldukça önemlidir. Symantec raporuna göre; Türkiye EMEA (Avrupa, Orta Doğu ve Afrika) bölgesinde kötü amaçlı yazılım saldırılarına en çok maruz kalan 10 ülke içinde 4. sırada konumlanmaktadır. EMEA'da tespit edilen kötü amaçlı yazılımların %6'sını bulundurmaktadır. Ayrıca ağ saldırıları ve botnet makineler bakımından 8.sırada yer almıştır. Siber casuslar ağ üzerinden kullanımı kolay yazılım saldırı modüllerini daha çok tercih etmektedirler.

Ülkemizde de zararlı yazılımların yayılmasında spam postalardaki önlemler etkisini göstermiştir. Son günlerde sosyal ağlar üzerinden oluşturulan sahte linkler bu amaç için kullanılmaktadır. Siber güvenlik tek bir ülke veya belirli bir şirketin sorunu değildir. Hükümet ve sektörler de dâhil olmak üzere bu konuyla ilgili olan tüm taraflar siber güvenliğin risk-tabanlı yaklaşımlar, eldeki en iyi faaliyetler ve veri koruması konusunda uluslararası yaklaşımlar gerektiren ortak küresel bir sorun olduğunun farkına varmalıdır[27]. Ülkemizde siber terör Milli Güvenlik Siyaset Belgesine ve savunma bakanlığı tehditler listesine girmiştir. Ulusal tehdit algısı oluşturan bu kavram enerji, sağlık sistemi, ilaç, eczane, su, baraj, emniyet, finans ve savunma sistemleri gibi alt yapısını bilişim ve internet teknolojileri oluşturan sistemleri kapsamaktadır.

Ülkemizde yaşanan belli siber saldırı olayları,

a) 2010 YouTube yasağını protesto amaçlı BTK, TİB ve Ulaştırma Bakanlığı sitelerine DDOS saldırısı[28]
b) 2011 Türkiye'de hazırlanan internet kanununa karşı anonymous saldırısı
c) 2012 Hacktivist'ler BTK(Bilgi Teknolojileri ve İletişim Kurumunu) ya ait 4 farklı veri tabanındaki bilgileri ele geçirerek kurumlarda çalışanların doğum tarihlerini ve TC Kimlik numaralarını yayınlamaları.
d) 2013 İstanbul Bilişim Şube Müdürlüğü 128 bin 712 Facebook kullanıcı hesabını ele geçiren şebekenin çökertilmesi
e) 2013 YÖK elektronik doküman ve belgelerin siber saldırı sonrası yayınlanması,
f) 2014 HSBC'nin Türkiye'deki 2.7 milyon müşterisine ait kart bilgilerinin uygulama zafiyeti kullanılarak çalınma olayı,
g) 2015 Türkiye'nin internetteki imzası olan ".tr" ile biten internet sitelerini etkileyen DDOS saldırı sonrası hizmet kesintisi,
h) 2016 33 Devlet hastanelerine yapılan siber saldırı sonucu bilgiler alındıktan sonra kayıtların silinmesi sonucu hizmet kesintisi ve bilgi kaybı

2011 Emniyet raporuna göre ülkemizde de bilişim suçları son iki yılda hızlı bir artış göstererek artış eğiliminde olduğu Şekil 2.2'de görülmektedir.

Türkiye dünyada en çok siber saldırıya uğrayan 10 ülkeden biri haline geldiği Şekil 2.3'den anlaşılmaktadır. Akıllı telefonlar, mobil uygulamalar ve bunlar üzerinden gerçekleştirilen internet bankacılığı ve diğer online işlemler siber saldırılara hedef olmaktadır.

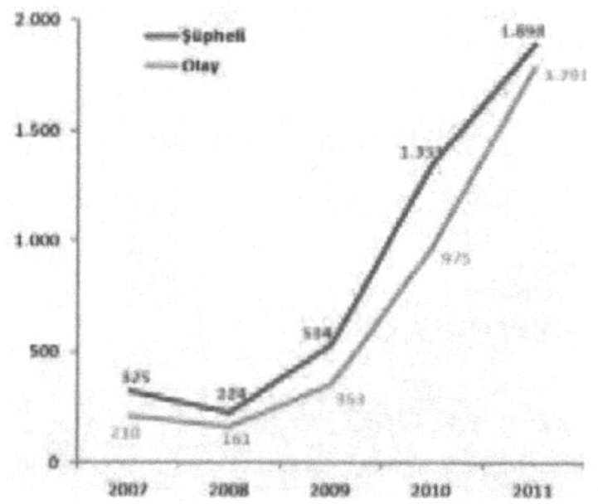

Şekil 2.2 Türkiye'de Bilişim Suçu Artışı

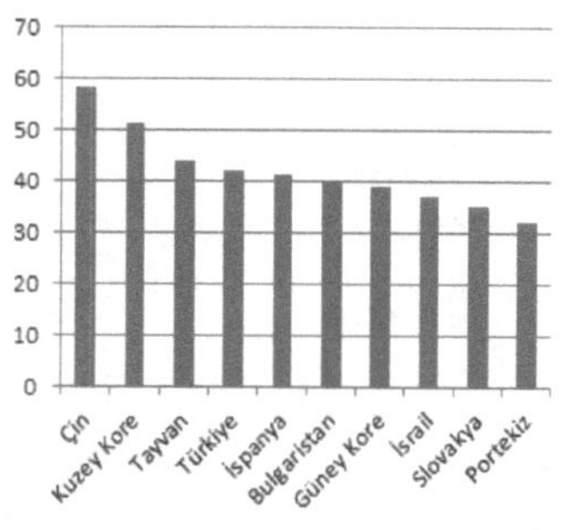

Şekil 2.3 Malware Türkiye Sıralaması

Ülkemizde kamu kurumlarının ve özel şirketlerin internet üzerindeki bilişim sistemlerine yetkisiz erişim, verileri ele geçirme, bozma suçlarının, protesto ve şantaj gibi amaçlarla da işlendiği ve hızlı bir artış gözlemlendiği emniyet raporlarından anlaşılmaktadır[8].

2.3. Siber Tehdit Araçları

Siber tehditlerin amaçları incelendiğinde bilişim ve iletişim teknolojileri üzerinde işlem gören bilgi varlıklarına yetkisiz erişme, bilgilerin değiştirilmesi, mahrem bilgilerin açıklanması, hizmetin engellenmesi gibi amaçlara sahiptir. Bunların gerçekleştirilebilmesi için planlı, plansız, koordineli, bireysel yöntemlerle hedef sistemin durumuna bağlı olarak basit veya karmaşık saldırlar olabilmektedir. Devletlerarası sınırların söz konusu olmadığı, çoğu zaman tehdit gönderici adresine ulaşılamadığı, masum görünen yazılımların bir anda siber silaha dönüşebileceği bir çağda yaşıyoruz.

Tablo 2.3 EGM Ele Geçirilen Bilişim Suç Unsurları

Bilişim Suç Unsurları	Adet
Decoder-Encoder	7
IMEI No Değiştirme	61
Flash Disk	64
Pos Cihazı	73
Hafıza Kartı	76
Sahte Banka Kartı	115
Cep Telefonu	188
SIM Kart	245
PC-Notebook-HDD	398
Dekont-Slip	619
Kredi-Banka Kartı	643
Manyetik Kart	1153
CD-DVD-Disket	1441

Virüsler, spam postalar, solucanlar sadece bilgisayarın çalışan sistemine zarar vermekten öte siber casusluk araçlarına dönüşmüşlerdir. Tablo 2.3'de Emniyet Genel Müdürlüğünün 2011 yılında ülkemizde işlenen bilişim suçlarına ait delil niteliğinde ele geçirilen dijital suç unsurları gerçekleşen olay sayısı hakkında da bilgi vermektedir[8].

Kaspersky güvenlik laboratuvarı 2012 araştırma verilerine göre, siber tehdit araçlarının kritik bilgi sistemleri ile masum sivillere karşı kullanıldığı ve siber saldırı kaynaklarını çok dağıtık yapılı profesyonelce yapıldığından dolayı sorumlularının bulunmasının kolay olmadığı tespiti yapılmıştır[38]. Sanal dünyada birbirlerine daha da bağımlı hale gelen toplumlar üzerinde, aşağıda belirtilen siber tehdit araçları ciddi riskler oluşturmaktadır.

2.3.1. Zararlı yazılımlar

Siber dünyada zararlı yazılımların hareket alanı her geçen gün daha da artmaktadır. İnternete bağlanan araç sayılarının çeşitliliği, güncel olmayan işletim sistemi ve uygulama yazılımları birer açık nokta oluşturmaktadır.

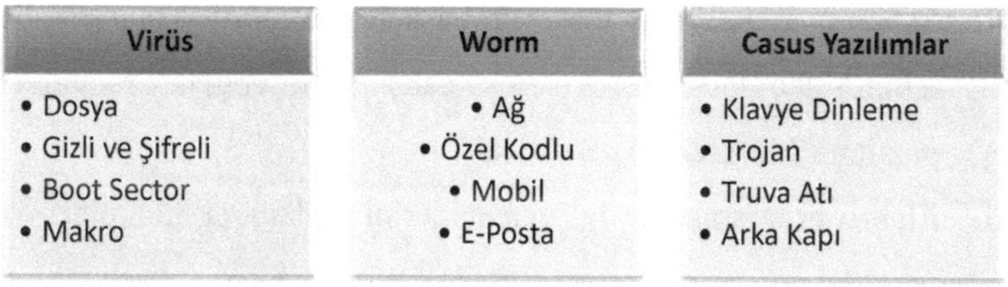

Şekil 2.4 Siber Tehdit Oluşturan Bazı Zararlı Yazılımlar

Siber casusların masum kişiler üzerinde en fazla kurguladıkları tehdit aracı zararlı yazılım enjekte etme şeklindedir. Şekil 2.4'de gruplandığı şekliyle bu tehdit ve açıklık unsuru yazılımlar kötü niyetli programcılar tarafından kurgulanmıştır. Çoğunlukla hedefleri ise yazılımları sabote etmek ve bilgi hırsızlığı gerçekleştirmektir. Ayrıca bunları yazan kişiler kazanç, politik, kendini ispatlama veya merak amaçlı oluşturmaktadırlar.

2.3.1.1. Virüsler

Bilgisayarlar, mobil cihazlar, sunucu ve bilgi sistemleri üzerinde çalışan işletim sistemi ve uygulama yazılımlarına kendini kopyalayarak yayılır. İnternet ve taşınabilir kayıt ortamları ile dağılır. Bilgi hırsızlığı, engelleme, bozma ve zarar vermeye yöneliktirler. Virüsler, aşağıdaki gibi gruplandırılabilir;

a) Bir virüs bulaştığı dosya sistemi üzerinde işletim sistemi komutlarının önüne geçip uygulamaya özel farklı cevap göndererek kendini gizleyebilirler. Ayrıca bu tür virüs kodları bilindik virüs tanıma imzalarına karşı yakalanmamak için ***şifreli ve gizli virüs*** özelliklidirler.
b) Ofis dosyaları ve küçük yazılım ve eğlence programlarına ait çalıştırılabilir özellikteki dosyalar üzerinden yayılan virüslere ***dosya virüsleri*** denir.

c) Sabit veya taşınabilir disklerin başlangıç sektörüne bulaşan, bir takım hata mesajları vererek çalışmasını engelleyen zararlı yazılıma ***bootsector*** virüsü denir.

d) Makro programlama dili yeteneklerini kullanarak kompleks ve tekrarlayan çoğalma metoduyla Word, Excel dosyalarında sıklıkla rastlanan türe ***makro virüsleri*** denir.

2.3.1.2. Solucanlar

Worm türü zararlılar olarak adlandırılırlar ve ağ sistemi üzerinde çok yoğun veri trafiği oluştururlar. Hedefleri diğer bilgisayarlara yayılmak ve işletim sistemi zafiyetlerini kullanmaktır. Yayılmak için kullanıcının dosya açmasına gerek duymazlar. Solucan türü zararlılar, aşağıdaki gibi gruplandırılabilir;

a) Ağ servislerindeki açıklıkları kullanarak kullanıcının davranışlarından ayrı hareket eden, ağ kaynaklarını tüketen, siber arka kapılar oluşturan yapıya ***ağ solucanı*** denir.

b) Sunucu ve uç bilgisayarlarda kayıtlı e-posta havuzunu ele geçirip karşı tarafa ileten, bu sırada sunucu servislerini devre dışı bırakabilen türüne de ***e-posta solucanı*** denir.

c) Çalışan bir yazılımın aynı kalmasına karşılık her defasında yeni kopyası üzerinden farklı görüntü ve özellikte davranan zararlı yazılımlara ***özel kod yapılı solucanlar*** denir.

d) Ağ aracılığı ile uzaktaki bir bilgisayar üzerinde Java, ActiveX, JavaScript kodların çalıştırılması için hazırlanmış solucanlara ***mobil kod zararlılar*** denir.

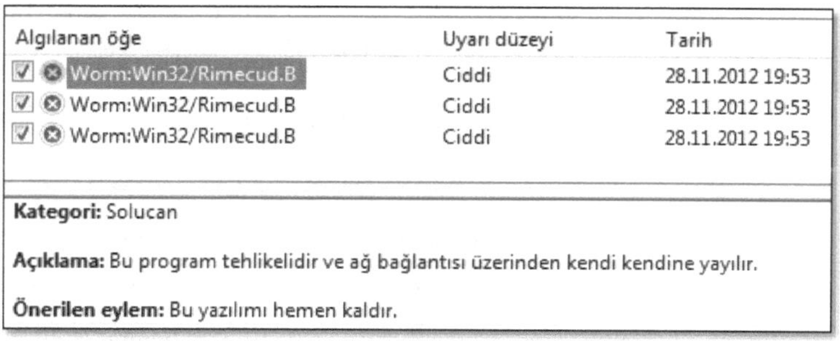

Şekil 2.5 Zararlı Yazılımı Solucan Uyarısı

Şekil 2.5'de verilen uyarı penceresi, ağ bağlantısı üzerinden bulaşan ve yayılma tehlikesi gösteren Worm.Win32/Rimecud.B türü tespit edilen solucan zararlısının kaldırılmasına yöneliktir.

2.3.1.3. Casus yazılımlar

Genellikle bilgisayarlara tuzak yazılımların kurdurulması ile kişisel veya kurumsal bilgilerin kötü niyetli kişilere iletilmesini sağlayan yazılımlardır.

Casus yazılımlar, aşağıdaki gibi gruplandırılabilir;

a) Yönetim amaçlı uzaktaki bir bilgisayara ağ üzerinde ulaşmak, şifre bilgilerini ele geçirmek için casus amaçlı kullanabilmek amacıyla TCP/UDP port dinleme ve botnet yapan araçlara ***arka kapı*** zararlı yazılımları denir.

b) Klavyeden girilen bankacılık işlemleri, üyelikler, kullanıcı adı, password gibi bilgilerin dinlenme araçlarına ***Keylogger***(klavye dinleme) yazılımları denir.

c) Bilgisayarlardaki işletim sistemlerine müdahale ederek, sistemleri uzaktan paylaşılabilir varlıklar haline getirmek, yönetebilmek, otomatik saldırı aracı yapabilmek, kontrolü saldırganların istekleri doğrultusunda davranmasını sağlayan, siber tehdit amaçlı yönlendirme yapan zararlılara ***Trojan*** denir.

d) Kendiliğinden yayılma özelliği olmayan, kullanıcısına faydalı bir araç, dosya gibi görünen, yüklenildiğinde şifreler, kurgulanan özel bilgiler toplayan, sistem dosyaları silebilen, bir siber saldırı aracı olan zararlı yazılıma ***Truva Atı*** denir.

2012 zararlı yazılım araştırma sonuçları Şekil 2.6'de görülmektedir. 2012'nin ilk çeyreğinde altı milyon yeni malware zararlı yazılımın tespit edildiğini, bunlardan da en fazla yayılmanın %80.77 oranında trojan yolu ile yayıldığı belirtilmektedir[29].

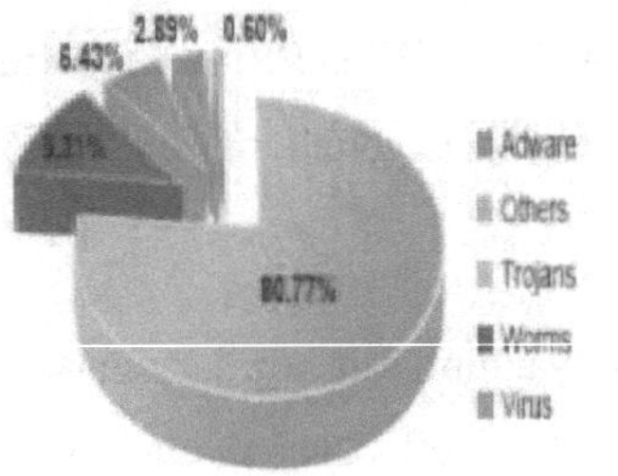

Şekil 2.6 Zararlı Yazılımların Dağılım Oranı(2012)

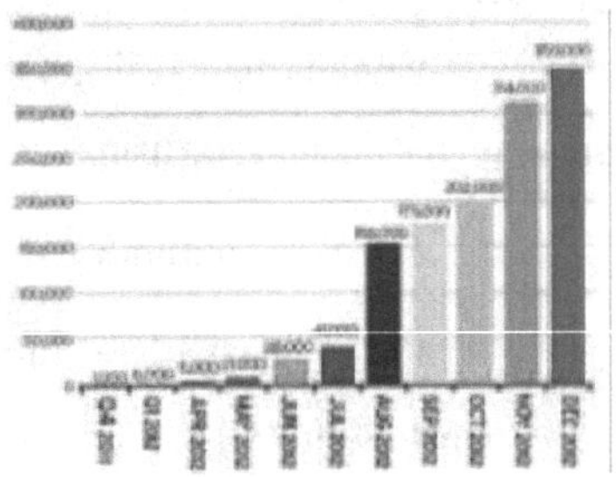

Şekil 2.7 Android Üzerinde Malware Artışı(2012)

Diğer zararlı yazılım oranları sırasıyla solucanlar, virüsler ve reklamlar şeklindedir. Her geçen gün bu zararlı yazılımlar hedefli ve bilinçli saldırı yetenekleri kazanarak siber tehdit araçları haline gelmektedir. Bu yazılımlardaki kendi kendini bulaştırarak çoğalma, özerklik, gizlenebilme ve hızlı yayılıma karakteristikleri nedeniyle siber saldırı aracı olarak kullanıma oldukça elverişlidir. Şekil 2.7'deki Malware artış grafiği son zamanların hızla rağbet gördüğü Android üzerindeki tehlikenin boyutunu göstermektedir[30].

2.3.2. Spam kaynaklı Phishing saldırılar

Dünya siber güvenlik tehditleri arasında yer alan spam, özel günler ve bayramlar gibi geniş kitleleri etkileyecek fırsatları kollamaktadır. Symantec güvenlik raporuna göre 2013 başlarında yapılan analizde her 370 e-postadan birinde spam olarak gönderilmiş şifre avcılığına yönelik tuzak postadır. Her gün ortama iki bin internet sitesinde zararlı spyware, adware, trojan yerleştirildiği ve bu tuzak site adreslerinin de spam postalarla kişilere iletildiği tespit edilmiştir.

Şekil 2.8 kişisel bir kullanıcıya ait e-posta yönetimi ekran görüntüsüdür. Bu kullanıcı yaklaşık 1 ay içerisinde 1000'in üzerinde spam ve bazı istem dışı üyeliklere ait posta almıştır. Örnekteki "Acil Doğrulama" konulu mail içeriği gerçekle ilgisi olmayan e-posta şifresini elde etmeye yönelik phishing saldırısıdır.

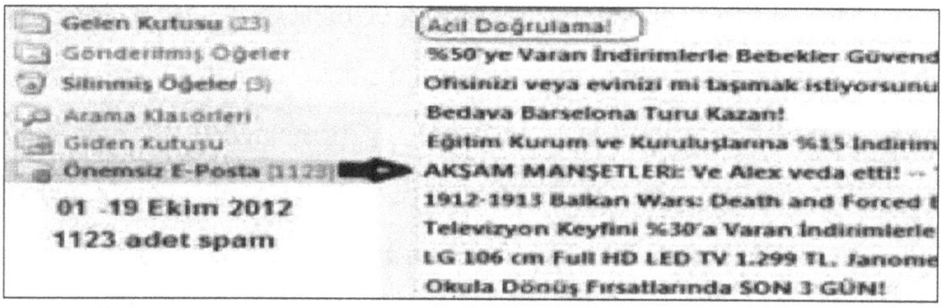

Şekil 2.8 Kişisel Bir E-Postadaki Spam Miktarı

Siber korsanların vazgeçilmezi hale gelen ücretsiz ve en kolay yöntem olan spam günümüzün en belirgin phishing saldırı aracı haline gelmiştir. Phishing yönteminde gönderilen e-posta içeriklerine görünürde gerçek bir kurumun ismi yazılmasına rağmen vermiş oldukları link genelde ilgili sitenin birebir kopyası olan sahte tuzak site adresleridir.

Symantec Güvenlik araştırma firmasının spam kaynaklı saldırılar konusunda yaptığı analiz sonuçları şekil 2.9'da görülmektedir. Saldırılar, %89 oranla en fazla 2010 yılında artış göstermiştir. Spam ile yapılan mücadele ve güvenlik tedbirleri geçtiğimiz 2 yılda etkisini göstermiştir [3]. Ancak belirgin bir düşüş olmasına rağmen pek çok şirketin ve bireylerin ciddi sorunu olmaya devam etmektedir.

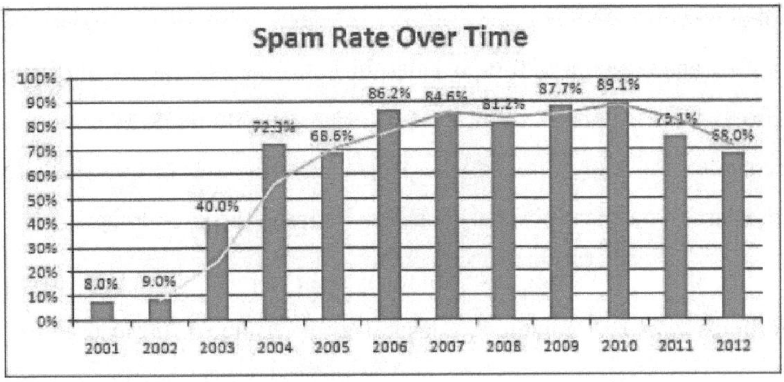

Şekil 2.9 Son 10 Yıllık Spam Dağılım Oranı

Mağdurların adres defterini, kimlik ve bankacılık bilgilerini karşı tarafa iletmekle kalmayıp, eklentilerindeki zararlı yazılımları kurdurarak bilgisayarı korumasız hale getirmektedirler. Yine son Symantec raporuna göre eğitim sektörü de %70 oranında spam'e maruz kalmıştır. Dünyada her gün yaklaşık 100 milyar spam posta dolaşmaktadır. Siber saldırı araçlarını bu reklam postaları üzerinden gönderen spam tacirleri yılda 200 milyon dolar gelir elde etmektedirler. Mağdurlar ise milyar dolarlarca maddi kayıp ve işgücü israfına neden olmaktadır. Örneğin sadece Google, Microsoft ve Yahoo gibi şirketlerin sunucularına fazladan yüklenme ve bakım masrafı hariç kullandıkları anti-spam yazılımlarının toplam maliyeti 6.5 milyar dolardır[3].

2.3.3. Uygulama yazılımlarına ait açıklıklar

Yazılım tasarımcısı ve geliştiricilerin siber tehditlere neden olabilecek web uygulama açıklıklarına karşı dikkatli olmaları gerekmektedir. Güvenli yazılım kodlama bir süreçtir. Yazılımın tasarımından geliştirme sürecine ve kullanıma çıktığı zamana kadar adım adım güvenlik süreçleri takip edilmelidir. Günümüzde siber korsanların fırsat kolladığı ve araştırmalarını web tabanlı yazılımlar üzerine yoğunlaştıran bir tehdit grubu vardır. Güncellenmemiş veya yeterince testten geçirilmemiş uygulama yazılımları ve beraberinde veri tabanları olası güvenlik açıklarının başında gelmektedir. Aşağıda OWASP (Open Web Application Security Platform) güvenlik topluluğunun yayınladığı başlıca güvenlik açıklıkları şu şekildedir[31].

a) Web tabanlı bir uygulama üzerinden sunucu güvenliğini tehdit eden zararlı dosyanın çalıştırılabilir olması
b) Doğrulanması gereken veritabanı sorgusu veya bir URL adresinin bazı ek parametreler kullanılarak iç sorgulara referans oluşturması şeklinde yetkisiz erişim veya veri kayıtlarına ulaşılıyor olması
c) Sisteme giriş yapmış bir mağdura ait doğrulama bilgilerinin hatalı kurgulanan şifresiz iletim üzerinden okunması
d) Uygulama geliştirme yazılımları ve veri tabanlarının yapısında ortaya çıkmış zafiyetlerin takip edilerek güncel yamaların yapılmamış olması
e) Tarayıcı ekranları ile kullanıcılardan alınan denetimsiz sorgu işlemlerinin SQL enjeksiyonu olarak tarif edilen tasarım hataları.

Web üzerinden online işlem yaptıran uygulamalar çoğunlukla kullanıcı doğrulaması gerektirir. Giriş hakkı için ilgili veri tabanındaki üyenin kayıtlı olup olmadığına göre döngü oluşturur.

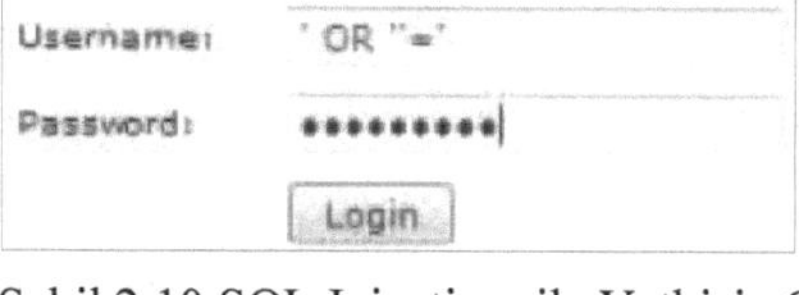

Şekil 2.10 SQL Injection ile Yetkisiz Giriş Yapma

Şekil 2.10'de SQL injection yöntemi gönderilen sorgu içerisine bazı meta-data(' ;) özel karakterler yerleştirilerek hatalı veritabanı doğrulaması gerçekleştirilmektedir. Bu SQL sorgusunda kullanıcı adı ve şifresi boş olarak gönderilerek "**boş eşittir boş**" kullanıcı kontrol açıklık zafiyeti üzerinden sisteme sızma gerçekleştirilerek siber saldırlar saldırılar gerçekleştirilmektedir. Yazılım uygulamalarının giderek web tabanlı hale gelmesi korsanlar tarafından zafiyet içerin içeren yazılımlara olan siber saldırıların artmasına neden olmaktadır[66].

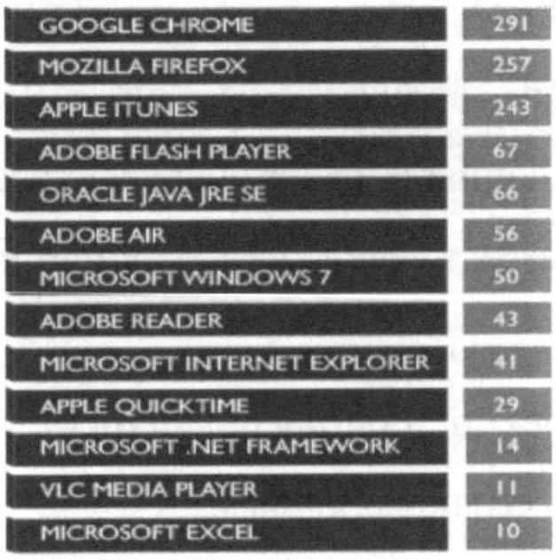

Şekil 2.11 Açıklıkların Uygulama Dağılımı

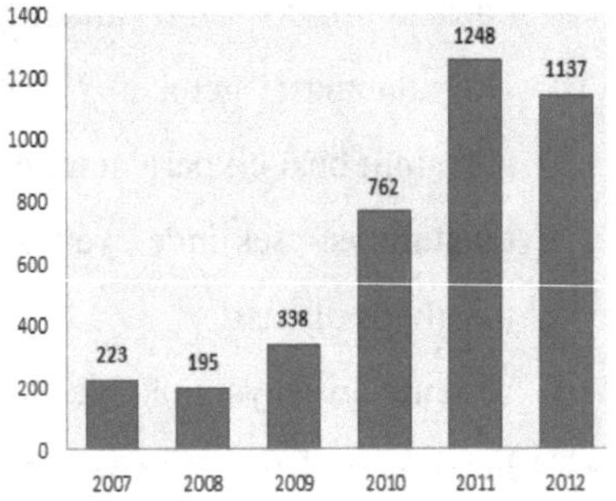

Şekil 2.12 Açıklıkların Yıllara Göre Dağılımı

Secunia güvenlik firmasının 2013 yılında yayınladığı en fazla zafiyet bulunduran ilk 50 yazılım inceleme raporuna göre yazılım başına ortalama 63 adet açıklık düşmektedir. Şekil 2.11'da en popüler kullanılan yazılımlardaki şu ana kadar yayınlanan 10 ve daha fazla açıklık değerleri görülmektedir. Şekil 2.12'de ise yıllara göre tespit edilmiş yazılımlar üzerindeki toplam zafiyet sayılarındaki artış grafiği verilmiştir. İlk 5 yıllık değerlerin ortalaması alındığında 2012 yılında %98'lik artışla 1.137 adet bilinen açıklıklar yayınlanmıştır[32]. Açıklıkların olduğu uygulamalar incelendiğinde kritik bilgi sistemlerinde ve günlük faaliyetlerimizde sıklıkla kullandığımız yazılımların aslında pek çok siber tehdit riskini taşıdığı görülmektedir.

Araştırma değerlerinin uygulamalar üzerinde oluşturacağı siber risk değerlerinin oransal dağılımı Şekil 2.13'de verilmiştir. %78.8 oranla yüksek kritik değeri taşıyan alan siber tehdit oluşturması açısından oldukça anlamlı görülmektedir.

Şekil 2.13 Güvenlik Açıklıklarının Risk Düzeyi Dağılımı

Geliştirilen yazılımlarda güvenlik göz ardı edilip sadece fonksiyonellik boyuyla ele alınırsa, daha sonra tespit edilen açıklıkların kapatılmasının maddi kayıpları kadar ortaya çıkacak telafisi zor olan manevi itibar kayıpları oldukça yıkıcı bir etki bırakmaktadır[32].

2.3.4. Bilgi güvenliğine yönelik fiziksel ve çevresel saldırılar

Kritik veriler üzerinde fiziksel ve çevresel zafiyetler siber tehditlere neden olabilir. Oluşabilecek güvenlik boşlukları hiç beklenilmedik şekilde saldırı kaynağına dönüşebilir. Dijital kayıt sistemlerinin geliştiği, kütüphaneler dolusu bilginin farklı bölgelere anlık transfer edildiği bir sanal dünyada yaşıyoruz. Veri kayıt ortamlarının tutulup depolandığı elektronik medya aygıtları pratik kullanımın yansıra kolay çalınma ve kaybolma risklerini de beraberinde getiriyor. Üzerlerinde mağdurlara ait kayıtlı mahrem bilgileri bulunan değerli ve kritik veri kayıtları yüklü olabilmektedir. Oldukça küçük boyutlarda olan taşınabilir aygıtlar hırsızlık, kopyalama, değiştirme, silme veya verilerin şifresiz ve korumasız şekilde doğrudan okunabilir şekilde tutulması siber saldırılara davetiyedir. Sistem odaları, sunucular, ağ dağıtım panoları, sistem yöneticileri veya kurum yetkilerine sahip kişilerin bilgisayarları gibi fiziksel yapılar sistemin zayıf noktalarıdır. Bu ortamlar izlenilebilir, kilit korumalı olmak zorundadır.

2.3.5. DoS/DDoS türü servis hizmetini engelleme

Sanal ortamlarda web servislerinin yaygın kullanımı siber dünyanın yeni bir saldırı keşfine neden olmuştur. Kendilerini "hacktivist, anonymous" gibi çeşitli adlar altında gösteren grupların bir web servisini hedef alarak erişilemez hale getirmesidir. Bilgi güvenliğinin 3 temel bileşeninden olan "Gizlilik, Bütünlük ve Erişebilirlik" kavramlarından biri olan bilginin ulaşılabilir ve kullanılabilir olması önemlidir. Bir web hizmetine ait sunucu sayısı, CPU, bellek ve hat kapasitesi gibi altyapı yatırımı hizmet kalitesi ve maliyetler değerlendirilerek inşa edilir. Yapılan bu normal tasarım öngörüsü üzerine cereyan edebilecek anlık kapasite üstü isteklerde web servisi cevap veremez duruma gelir. Kapasite üstü tanımından kasıt gerçek kullanıcıların oluşturması pek mümkün olmayan bir hat yoğunluğudur.

Hedef üzerinde tek bir kaynaktan yapılan hizmet engelleme saldırısına DoS (Denial of Service) denir. Bu saldırı istemli veya istemsiz şekilde çok sayıda zombi bilgisayar üzerinden gerçekleşirse dağıtık yapı anlamına gelen DDoS(Distributed Denial of Service) denir. Bazen hedef sistemde tespit edilen bir açıklık kullanılarak o port üzerine yapılan kural dışı isteklerde hizmetin durdurulmasına neden olabilir. Bu yöntemlerin siber bir saldırı olarak kullanılması ise rakip bir kuruluşun, ürünün, markanın, kurumsal bir portalın bir süreliğine işleyemez hale getirilmesidir. Bu durum, imaj, itibar, güven ve maddi değer kaybına neden olur. Hatta bu saldırı bir güvenlik duvarını veya doğrudan sunucuyu hedef alarak yapıldığında, çalışan bir güvenlik sisteminin devre dışı kalmasına ve sisteme doğrudan ulaşılabilir şekilde açıklıklara neden olabilir.

Günümüzde çok kolay şekilde yapılabilen bu saldırı karşısında mevcut güvenlik yatırımları tam bir çözüm sağlayamamaktadır. Arbor

Network güvenlik firması 2012 yılında dünya üzerinde belli büyüklükteki 130 adet ağ servis sağlayıcıları arasında DDoS saldırılarına yönelik anket araştırması yapmıştır.

Bu veriler ışığında şekil 2.14'de görüldüğü gibi DDoS saldırıları 2010 yılına kadar hızlı bir artış göstermektedir. 2011 yılında aktif cihazlar, işletim sistemleri ve güvenlik duvarlarında alınan bir takım önlemler neticesinde yaygın DDoS saldırıları hız kesmiştir. Ancak hedef odaklı hizmet kesintisine yönelik saldırılar halen engellenemeyen tehdit olarak devam etmektedir. [33]

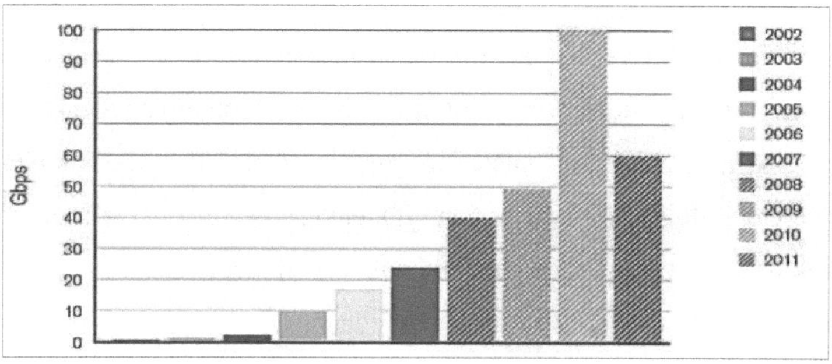

Şekil 2.14 DDoS Saldırılarının Yıllara Göre Durum Artış Eğrisi

Kamu kurum ve kuruluşlarına ait internet servislerinin hedef alınması, uluslararası siber savaş aracı olarak veya protesto amaçlı ya da maddi çıkar sağlayan suç örgütleri tarafından etkili bir silah olarak kullanılmaktadır. Yakın geçmişte bu tür saldırıların pek çok örneğine rastlayabiliriz; Türk Hava Yolları iş bırakma eyleminde online işlem servislerine erişilememe, Rusya-Gürcistan anlaşmazlığında Rus grupların Gürcistan resmi kurum sitelerine engelleme saldırısı, Telekomünikasyon İletişim Başkanlığı sunucu servislerinin engellenmesi, Sony PlayStation, Twitter, Hotmail, Facebook sayfalarına kısa süreliğine erişilememesi gibi.

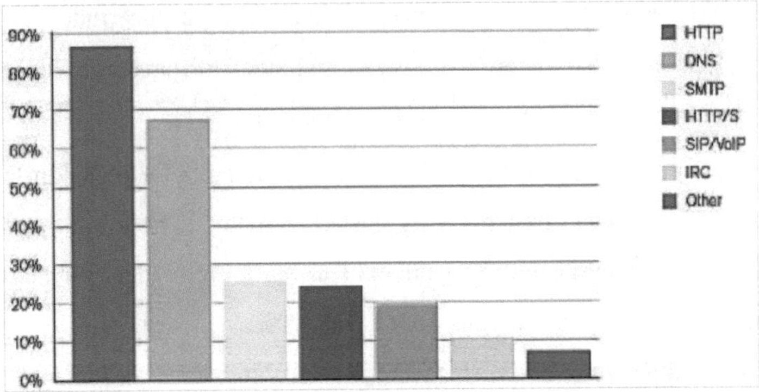

Şekil 2.15 DDoS Ataklarının OSI 7 Dağılımı

Şekil 2.15 verilen dağılım eğrisi incelendiğinde en fazla servis engelleme http isteklerinin yapıldığı web servislerinin engellemesine yöneliktir. Korsan web sitelerine enjekte edilen bir zararlı kodun ziyaretçi bilgisayarına doğrudan yüklenmesi sonucu DDoS saldırı makineleri yaygın şekilde oluşturulmaktadır. İkinci sırada DNS saldırı ile kurum etki alanlarına erişimler engellenmektedir.

2.3.6. Kablosuz erişimdeki tehditler

Kullanıcıların Wi-Fi, kızılötesi, radyo frekansları gibi kablosuz erişim noktalarını kullanarak bir ağa bağlanması pratiklik ve kolaylık açısından tercih edilmektedir. Kablosuz ağlar, merkezi fiziksel erişimli ağlara göre yeni güvenlik zayıflıkları oluşturmaktadır[67].

Tablo 2.4 Bilgi Teknolojileri Kurumu Erişim Bağlantı Sayıları

Yıllara Göre Abone Sayısı(Milyon)	2002	2008	2009	2010	2011
Sabit Telefon	18,2	17,5	16,5	16,2	15,2
Mobil Telefon	23,4	65,8	62,8	61,8	65,3
Geniş Band Kullanı	0,03	6	6,8	8,6	14

Ülkemizde son beş yıllık haberleşme altyapı oranlarındaki artış değişimi gösteren Tablo 2.4'de verilmektedir. Kablosuz iletişim, yoğun talep nedeniyle kablolu iletişimin yaklaşık 4 katı oranındadır. Bu değerler kablosuz yeni aygıtlardaki çeşitlilikle her geçen yıl daha da artacaktır. Bu durum siber saldırganların gözünden kaçmamaktadır[8].

Siber tehditler açısından kablosuz ağlardaki bazı açıklıklar ağın bütününü tehdit edebilmektedir. Bu tür ağlarda yeterince güçlü şifreli erişim tercih edilmezse, Aircrack benzeri şifre çözen bir yazılımla aradaki veri trafiği çözülebilir. Saldırganlar bu tür kolay elde edilebilen ağ tarama ve şifre kırıcılar kullanarak ağa dâhil olma veya sızma yöntemlerini kullanmaktadırlar.

Ağdaki veri iletişimini dinleme, araya sahte erişim noktaları oluşturma benzeri bazı kablosuz ağ saldırı yöntemleri aşağıda belirtilmiştir;

a) MAC adres sahteciliği
b) WEP ve WPA kriptolu erişimin kırılması
c) Sahte erişim noktalarının oluşturulması
d) İstemcilerin erişilemez hale getirilmesi
e) Şifresiz erişimlerde paket yakalama

2.3.7. Sunucu servislerindeki açıklıklar

Sunucu sistemlerinin kurulumunda yapılabilecek yanlış veya eksik yapılandırma dolayısıyla siber saldırıların hedefi olmaktadır. Örneğin; yönetimsel hatalar, güncelleme eksiklikleri, güvenlik yazılımlarının kurulmaması, varsayılan kullanıcı adları ve değiştirilmeyen şifreler, tahmin edilebilir kurum kimliğine yakın adlar ve tahmin edilebilir parolalar, yanlış sunucu yerleşim mimarisi, denetimsiz yetkilendirme, teknik bilgisi yetersiz bilgisayar işletmeni, sunucuları güvensiz hale getirir.

Sunucular üzerinde çalışan servisler; Web, e-Posta, Firewall, DNS, DHCP, Proxy, Veri Tabanı, Uygulama Yazılım servisleri vb. üzerlerinde genelde Microsoft, Unix veya Linux işletim sistemleri çalışır. Yama yapılmamış sistemler, IIS ve SMB açıklıkları, kullanılmayan servislerin kapatılmaması gibi hatalar açıklık unsurlarıdır. Sunucular bir işletmenin dışarıya açılan kapısı olduğundan gelen bir saldırganın ilk sızma girişiminde bulunacağı sistem sunuculardır. Yaşanan siber tehditler ve saldırı örnekleri sunucu zafiyetini kullanılarak ele geçirilmesini sağlar.

2.3.8. İnsani faktöründen kaynaklanan zafiyetler

Bilişim teknolojilerinin kurulumu ve işletimi genelde insan eliyle yönetilmektedir. Dolayısıyla hangi teknolojik altyapı gerektiren alan olursa olsun sistem yöneticilerin siber saldırılara karşı bilgili ve duyarlı olması gerekir.

İnsanlar bazen bilerek(kasıtlı) olarak ya da bilmeden(kasıtsız) olarak sistemlere zarar verebilirler. Kasıtsız yapılan hatalarda personelin yeterli güvenlik deneyimi yoktur veya tehditler üzerinde bilgi sahibi değildir. Örneğin sistemdeki bir sorun nedeniyle önceden tanımlanmış bir firewall kuralını silebilir, anti virüs yazılımını pasif hale getirebilir, zararlı bir e-posta ekini kontrolsüz açabilir. Bilinçli yapılan tehditlerde ise kişi görevini ve yetkisini kötüye kullanır. İşbirliği içinde olduğu gruplara siber saldırı düzenlemeye elverişli sistem ve kullanıcı bilgilerini ve veritabanı kayıtlarını iletebilir. Bilgi sistemlerini yetkisiz uzaktan erişime açma, bilgileri silme, değiştirme, yedekleri tahrip etme gibi, geri dönüşü dahi mümkün olmayacak tehdit ve zararlar oluşturabilir.

2.4. Siber Güvenlik Sorunlarının Etkileri

Günümüzde siber güçler internetin eriştiği her noktada bir sorun oluşturabilmektedir. Siber gücü elinde bulunduran, bir kişi, bir grup hatta devlet destekli bölgesel bir güç olabilir. Saldırganın elinde bulundurduğu siber tehdit, imkân ve araçları nispetinde karşıdaki mağdura zarar verebilir. Burada kullanılan savunma araçlarının tamamı yazılımsal tabanlı olup savaş meydanı ise sanal ortamlardır.

Şekil 2.16 Siber Sorunlardan Etkilenen Taraflar

TÜİK verilerine göre ülkemizde internetten alış veriş yapma oranı %30'lara ulaşmıştır. Müşteri, e-ticarethane ve banka arasında dönen bu alışveriş sırasında oluşabilecek bir açıklık ciddi güvenlik sorunları oluşturur. Her geçen gün internet ve sanal işlemlere bağımlı hale gelen bir siber dünyada yaşamaktayız. Şekil 2.16'da sanal dünya üzerinde oluşacak bir siber saldırının kişisel, kurumsal ve bölgesel olarak zararlı etkileri kaçınılmaz olduğu bölgesel etkileri ise çok daha yıkıcı olabilir.

2.4.1. Kişisel Etkileri

İnternet üzerinde alışveriş, haberleşme, araştırma, rezervasyon, işlem takibi gibi kişisel hayatımızın temel ihtiyaçlarından biri haline gelmiştir. Nisan 2012'de Türkiye İstatistik Kurumu'nun yaptığı araştırmada hanelerin %47,2'si internete erişim imkânına sahiptir. Kişisel olarak her beş kişiden biri internetten alış veriş yapmaktadır. Finansal yatırımlar, başvuru ve üyelik formları, bankacılık işlemleri yaparken bir takım kişisel bilgiler karşı tarafa verilmek durumunda kalınmaktadır[21]. Örneğin T.C. kimlik numarası, doğum tarihi, nüfus cüzdan fotokopisi, iş ve aile bilgileri gibi.

Bu bilgilerin bir takım dolandırıcıların eline geçmesi durumunda, kolaylıkla kişisel siber tehditlerin hedefi haline gelinebilir. Saldırı sonucunda mahremiyet, mağduriyet, gizlilik ihlali ve yasal birtakım süreçlere maruz kalınabilir.

2.4.1.1. Mahremiyet

Kişisel bilgilerin kontrolsüz ve bilgisi haricinde yayılmasının önlenmesi kişilerin mahremiyet hakkıdır. Bilgilerin dijital ortamlarda saklanıldığı günümüz sanal ortamında mahremiyet hakkı da siber tehdit altındadır.

Kişilere ait; e-posta, mesajlaşma, görüşme, kamera, iletişim, doküman, fotoğraf, sağlık kayıtları gibi mahrem bilgiler çeşitli dikkatsizlikler sonucu istenilmeyen kişilerin eline geçebilmektedir.

2.4.1.2. Mağduriyet

Şubat 2013'de ülkemizde terör örgütüne yönelik yapılan operasyonda çok sayıda kişinin kimlik, sağlık, mal varlığı, tapu kaydı gibi bilgiler ele geçirilmiştir. Yapılan incelemede bu kişisel bilgilerin nüfus ve tapu müdürlükleri ile hastane bilgi sistemi kayıtlarından elde edildiği görülmüştür[34].

Facebook sosyal paylaşım sitesinin enformasyon güvenliğinden sorumlu BobLord, yaklaşık 250 bin Twitter üyesinin bilgilerinin ele geçirildiğini ve bu kişilerin bilgilendirildiğini belirtmiştir[35]. Günümüzde bu tür örnekler oldukça sık yaşanmaktadır. Siber saldırıların kişiler üzerine verebileceği mağduriyet etkilerini şu şekilde sıralayabiliriz;

- Bireysel bankacılık veya kredi kartı bilgilerinin çaldırılması
- E-posta ve sosyal paylaşım üyelik bilgilerinin ele geçirilmesi

- Kişisel veya mahrem yazı, resim, film dokümanlarına verilebilecek hasar
- İşyeri, eğitim, sağlık, sosyal, üyelik, TC kimlik, vergi no, adres, telefon, şifreler gibi daha birçok şahsi bilginin paylaşılıyor olması

Bu tür bilgilerin ele geçirilip kişilere ait mağduriyetlerin yaşanması gün geçtikçe artmakta, hatta intiharlara bile sebep olmaktadır.

2.4.1.3. Gizlilik ve İnsan Faktörü

Teknolojilerin kurulumu, programlanması ve yönetim şekli insanlar tarafından tarif edilmektedir. Güvenlikle ilgili ortaya çıkan sorunların büyük kısmı bilgi teknolojilerine değil bir takım tedbirsiz davranışlara bağlıdır. Saldırı ve güvenlik senaryolarının tam kurgulanmadığı internet tabanlı projeler siber saldırıların kurbanı olabilmektedir.

İnsanlarda en büyük açıklık unsuru, sahip oldukları kritik bilgileri, şifreleri saklayamama ve buna bağlı çeşitli yerlere not almaktan kaynaklanmaktadır. Klavye altına, ekrana yapıştırılan not kâğıdına, çekmeceye, masaüstünde korumasız biçimde ajanda gibi rahat ulaşabilen yerlere yazılmış olmasıdır. Ayrıca sanal yaşantımızda çok fazla üyelikler, kullanıcı adları ve kompleks yapıda şifreler kullanılmak durumdadır. Bunları her an hatırlamak oldukça zorlaşmaktadır. Teknolojiye bağımlı yetişen yeni nesil üzerindeki hızlı değişim, kişiler üzerindeki gizlilik ve korunma gereksinimi de artırmaktadır. The Horizon Scan 2013 araştırma raporunda, 62 ülkeden 730 kuruluşun %66'sı veri ihlallerinin iş sürekliliğini olumsuz etkileyeceğini bildirmiştir. Kişisel verilerin korunması, hukukun genel ve öncelikli hedefi ve yasalarla garanti altına alınan en doğal kişilik hakkıdır. Bu nedenle siber saldırılara karşı kurumların ve özel sektörlerin veri tabanlarında veya diğer kayıt ortamlarında tuttukları kişisel bilgileri, verilerin gizliliği yasasına uyumlu olarak korumakla yükümlüdürler. Gizlilik gerektiren bazı kişisel verileri sıralayacak olursak; parmak izi, retina, ses, yüz hatları, elin şekli, damarlar, değişik yetenekler, el yazısı, imza, tuşa dokunma biçimi, yürüme şekli gibi kişiye özel tanımlayıcı bilgilerdir[36].

2.4.1.4. Kanuni Hakların İhlali

Dünyada son siber korsanlıkların artması sonucu, pek çok ülke siber suçlara ağır cezalar getirmektedir. 2001 yılında Avrupa Birliğinde siber suçla mücadele sözleşmesi imzalanmıştır. Türkiye bu sözleşmeyi 2010 yılında imzaladı. Teknolojideki hızlı değişim karşısında, çıkartılan kanunlar kısa sürede yetersiz kalmaktadır. Kişisel siber sorunları doğrudan etkileyen AB siber suç sözleşme bölümleri;

a) Bilgisayar veri veya sistemlerinin gizliliği, bütünlüğü ve kullanıma açık bulunmasına yönelik suçlar,
b) Sanal sahtecilik ve sahtekârlık suçları,
c) İçerikle ilişkili suçlar,
d) Fikrî mülkiyet haklarının ihlali
e) Bilgisayarlara yönelik saldırılar,
f) Kişisel verilerin çalınması, izinsiz dinleme.

ABD'de Albert Gonzales isimli bilgisayar korsanı 130 milyon kredi kartının bilgisini çaldığı için işlediği siber suç dolayısıyla 20 yıl hapse mahkûm edilmiştir. Bireyler, kendisiyle ilgili kişisel bilgi ve verilerin korunması hakkına sahiptir. Ancak bu veriler kişinin açık rızası veya kanunla öngörülen geçerli bir nedene bağlı olarak kullanılabilir ve nerede kullanıldığını öğrenme hakkına sahiptir. Ülkemizde kişisel verilerin ihlaline yönelik bazı kanunlar;

a) 5237 sayılı bilişim suçları (Madde 158, 142, 243, 244, 245)
b) 5846 sayılı fikir ve sanat eserleri kanunu

c) 5257 sayılı ceza muhakemesi kanunu

d) 5651 sayılı internet ortamında işlenen suçlarla mücadele kanunu.

8 Ocak 2013'te Yükseköğretim Kurulu'na yapılan siber saldırı örneği yaşanmıştır. Bu örnek olayda veri tabanında yer alan, gizlilik taşıyan bazı bilgi ve belgelere hukuk dışı yollarla ulaşılarak paylaşıldığına ilişkin bir siber saldırıya uğrandığı açıklanmıştır. Türk Ceza Kanunu'nun 285. maddesinde yer alan 'gizliliğin ihlali' suçundan yola çıkarak sorumlular hakkında suç duyurusunda bulunulmuştur. Kişisel ve kurumsal gizlilik taşıyan bu bilgi ve belgelerin yayımlandığı internet sayfalarına erişimin engellenmesi talebiyle mahkemeye başvurulmuştur[37].

2.4.2. Kurumsal Etkileri

Kurumsal ve ekonomik sistemlerde "veri" ya da "bilgi, mal ve hizmet üretme niteliklerine ait bir araçtır. Rekabetin giderek arttığı küresel dünyada elde edilen kar marjları ve memnuniyet ön plana çıkmıştır. Sayısal veri havuzları artmıştır, bireyler, müşteriler, paydaşlara ait daha fazla özellikler sistemlerde depolanmakta ve buralarda oluşan riskler artmaktadır. Tutulan veriler her geçen gün daha da kıymetli hale geldiğinden bunlar üzerinde siber suçların işlenme oranını da artırmaktadır. İş Sürekliliği Enstitüsü (Business Continuity Institute–BCI) tarafından yapılan ve 62 ülkeden 730 kuruluş ile gerçekleştirilen araştırmaya göre kuruluşların %65'i 2013 yılında siber saldırı tehlikesi ile karşı karşıya kalma riski taşımaktadır[38]

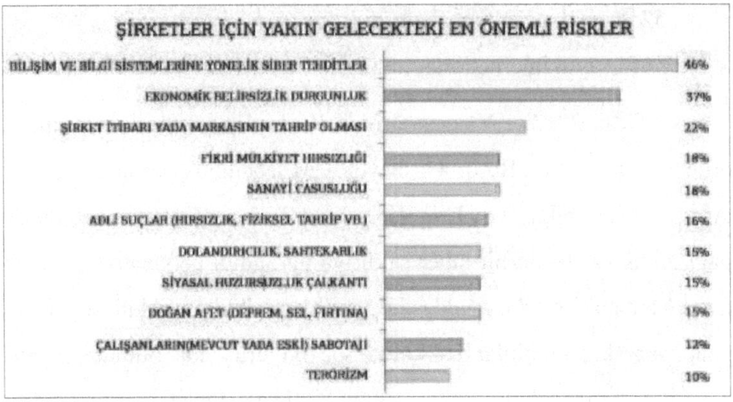

Şekil 2.17 Uluslararası Bilgi Güvenliği Risk Araştırması

Karspersky güvenlik firmasının Haziran-2011 yılında yapmış olduğu uluslararası risk araştırma sonuçları şekil 2.17'de incelendiğinde siber tehditlerin ilk sırada olduğu görülmektedir. Uluslararası boyutta yapılan bu araştırmada, kurumlar gelecekte en önemli risk olarak bilgi sistemlerine yönelik siber tehditleri göstermektedirler. Bu öngörü dahilinde bir siber saldırının kurumsal bir yapıya maddi, itibar, güven, imaj ve paydaşları ile olan iş hukukunda bazı zorluklar ve yaptırımların yaşanmasına neden olmaktadır.

2.4.2.1. Bilgi Güvenliği İhlalleri

Çeşitli malware ve casus yazılımlar kullanılarak çoğu güvenlik duvarlarına takılmadan kurum bilgisayarlarına ulaşılarak çeşitli açıklıklar test edilmektedir. Temelde bilgi varlıklarının korunmasını amaç edinmiş bilgi güvenliği ayrı bir disiplin haline gelmiştir. Bilgi sahibinin rızası dışında üçüncü kişilerle saldırı, rekabet, menfaat, kötü niyet amacıyla paylaşılması bilgi güvenliği ihlalidir. Siber saldırılarda bir bilginin yazılım, donanım ve insani tedbirsizlikler nedeniyle yetkisiz erişilebilir olmasına sıkça rastlanılmaktadır.

Siber saldırı sonucu kurumlarda oluşan bilgi güvenliği ihlallerini şu şekilde sıralayabiliriz;

- Kritik, gizli ve değerli evrakların bozulması, silinmesi ve rakiplerin eline geçmesi
- Bilişim kaynaklarının amaç dışı kullanımı
- E-postaların ve haberleşme kayıtlarının ele geçirilmesi
- Sistemlerin bozulması, bilgi erişiminin veya hizmetlerin engellenmesi
- Kurum bilgi güvenliği politikasına aykırı olarak çalışan ve müşteri bilgilerinin gizliliğinin korunamaması.

2.4.2.2. Marka ve İmaj Kaybı

Bir siber saldırı sonucunda stratejik bilgilerinizi kaybetmek, müşteriniz ya da iş ortağınız karşısında güven kaybına uğratır. Kurumsal imaj zedelenir ve gelecekteki yatırımları aksatır ve güvensizlik nedeniyle yeni müşteriler edinmede zorluklar meydana getirir. Kaynak, iş gücü ve zaman kayıpları yaşanır.

Bu marka ve imaj kaybı rakipler için bir avantaj oluşturur, firmanın sektörde zayıflamasına neden olur. Symantec firmasının, 2012 yılı "Endpoint Security En İyi Uygulamalar Araştırması" sonucuna göre 2011 yılında araştırmaya katılan 32 ülkeden 1.425 kurumun %81'i siber saldırılarla karşılaştığını belirtmiştir.

En belirgin kayıplar arasında kurumsal kimliğe zarar verme, organizasyondaki motivasyon kaybı, müşteri ya da personele ait verilerin kaybı veya el değiştirmesi, hukuki sorunlar, ürünün, markanın ve kurumsal kimliğin zarar gördüğü ortaya çıkmıştır[3].

Bu tür ihlal olayları bazen kurumlarda etkisini yüksek derecede hissettirmektedir. Üretimden pazarlamaya şirketler için çok önemli ve öncelikli hal almış demektir. Sahip oldukları cari sermayenin korunması kadar markanın ve imajın da korunması gerekmektedir.

2.4.2.3. Maddi Kayıplar

Yeni ticaret modeli olan e-ticaret kanalıyla ürünler internet üzerinden dünyanın dört bir köşesine ulaşmaktadır. Farklı dil destekleri, uluslararası kargo taşımacılığı, Visa, Master, EFT, havale yolu ile para ödeme araçları kullanılarak sektör her geçen gün daha da cazip hale gelmektedir. Bu alanda büyüyen pazarın dostu kadar düşmanı da(sanal hırsızlar, çeteler, korsanlar) bu yeni e-dünyayı yakından takip etmektedir. Satıcı ve alıcıyı yanıltma, sahte sayfalara ve banka hesaplarına yönlendirme taktikleri maalesef sıkça yaşanmaktadır. Uluslararası suç takip ve yakalanma yönünden zayıf olan Rusya, Afrika, Ortadoğu gibi ülkeler tercih edilmektedir. Siber mafyalar sanal platformlar üzerinden üyelerini yönetmektedirler.

Bankalar Arası Kart Merkezi verilerine göre ülkemizde e-ticaret işlemi 2008 yılında 15,7 milyar TL iken 2011 yılında 35,3 milyar TL'ye yani iki katından daha fazla yükselmiştir. Siber saldırılar dolayısıyla özel ve kamu kuruluşları ciddi oranda mali kayıp yaşamaktadır. Bu zararların önüne geçmek için de bir o kadar güvenlik yatırım harcaması yapmak zorunda kalmaktadırlar.

ABD Poneman Enstitüsü tarafından siber saldırıların kurumlar üzerindeki mali etkisi 5 ülkede 2.234 bilgi güvenliği çalışanı ile araştırılmıştır. 2013 yılında açıklanan bu raporda siber suçların yol açtığı zararın yıllık ortalama 5,9 milyon dolar olduğu, gerçekleşen saldırılarda ise senede 1, 5 milyon ile 36, 5 milyon dolar arasında para kaybedildiği görülmüştür. 2010-2012 yılları arasında siber saldırılardaki mali kayıp değerinde %56 oranında artış olmuştur.

Dünyada 2011 yılında yapılan siber kalpazanlık büyüklüğü yaklaşık 12.5 milyar dolardır. Yani dünyada kişi başına 2 dolar çalınmıştır. Piyasayı büyük oranda elinde bulunduran Rusya 4.5 milyar dolarla ilk sırayı almaktadır[39]. Symantec firmasının 32 ülkede kurumlar genelinde yapılan araştırmasında, 2012 yılında siber saldırıların şirketlere verdiği zararın maliyeti 470.000$ olarak tespit edilmiştir. Britanya'da 2011'de gerçekleşen siber saldırıların ülke ekonomisine maliyeti 27 milyar pound'dur. ABD'de ise 100 binden fazla siber saldırının yaşandığı ve yaklaşık 100 milyar dolar zararın olduğu tahmin edilmektedir[40].

2.4.2.4. Kanuni Yasal Yükümlülükler

Suçlu açısından Türk Ceza Kanununun 5237 sayılı(132, 142, 158, 239, 243-246 maddelerinde) ve uluslararası hukukta siber suçlar, bilişim suçları, dolandırıcılık, hizmetin engellenmesi gibi başlıklar altında cezalar tayin edilmektedir. Siber saldırılardan dolayı kuruma verdikleri zarar belge hırsızlıkları, parasal dolandırıcılıklarla kalmayıp o kurumun paydaşları arasında hukuksal mücadelenin başlamasına neden olmaktadır. Mağdurların kurum hakkında açmış oldukları davalar kamuoyu nezdinde itibar ve güven kaybına neden olmaktadır. Ayrıca bilgi varlıklarını koruyamama ve paydaşlarla olan ilişkilerinde güvenli bir alt yapı oluşturmadıklarından dolayı maddi para cezalarına veya hizmetin bir süre durdurulmasına kadar belli kayıplar yaşanabilmektedir.

2.4.3. Bölgesel Etkileri

Toplumların bilgi ve iletişim teknolojilerini kullanma oranları arttıkça özel sektörün ve hükümetlerin de önceliği haline gelmektedir. Siber tehditlere karşı hükümetler ülke ve bölge boyutunda güvenlik stratejileri geliştirmek durumundadır. İnsanlarının ve ülkenin kritik altyapılarını korumakla yükümlüdürler. Metro, enerji, su kaynakları, hava ulaşımı, telekomünikasyon gibi altyapıların zarar görmesi bir bölgeyi hatta ülkeyi etkisi altına alabilir.

Küresel ölçekte savunma sanayisi güçlü olan ABD, Rusya, Çin, İsrail gibi devletler bu üstünlüklerini siber alanda da sürdürmek için sanal güvenlik üzerine milyarlarca dolar kaynak ayırmışlardır. Son zamanlarda ABD ile İran karşılıklı olarak birbirlerine bir takım siber saldırılar ile tehdit etmektedir. Rusya ile Estonya siber savaşı seçmiştir.

Birleşmiş Milletler düzeyinde Küresel Siber Güvenlik Kültürünün" oluşturulması ve "Bilgi Teknolojilerinin Suç Amaçlı Kötüye Kullanımı ile Mücadele" gibi kararlar oluşturulmaktadır. Sınırların kalktığı siber dünyada işlenen bir suç bir başka ülkeden gerçekleşmektedir. Siber suçlunun tesbiti ve yakalanabilmesi ancak uluslararası işbirliği ile mümkündür. Oluşan bir siber saldırının sonlandırılması bölgesel işbirliklerini gerektirmektedir.

Örneğin petrol veya doğalgaz tesislerine yapılacak bir siber saldırı belki üretimin aksamasına neden olacak ve dünya enerji fiyatları bir anda yükselme gösterecektir.[41].

2.5. İlgili Bilgi ve Ağ Güvenliği Standartları

Bilgi ve bilgi teknolojileri güveliğine ilişkin belli başlı uluslararası kabul görmüş bazı standartlar mevcuttur. Bu bölümde bilgi güvenliği ile ilgili standartların, ağ ve uygulama güvenliğini sağlamaya dönük beklentileri araştırılmıştır.

2.5.1. ISO/IEC 27000 Güvenlik Standartları

ISO 27000 standartlar serisi kuruluş ve işletmelerin sahip oldukları "bilgi"nin yönetilmesi ve korunmasına yönelik gereklilikleri belirlemektedir. ISO27001, dünyadaki en iyi güvenlik standartlarından biridir, geçerlilik süreleri 3 yıldır. ISO 27000 standartlar serisi kendi içinde şekil 2.18'de belirtilen şeklinde alt bölümlerine ayrılmaktadır. Bu ana başlıklar;

a) Genel bilgiler ve tanımlar
b) Sertifikasyon için gereksinimler
c) Risk yönetimi, ölçütler, uygulama ve denetim rehberleri
d) Sektörlere yönelik oluşturulan rehber kılavuzlardır

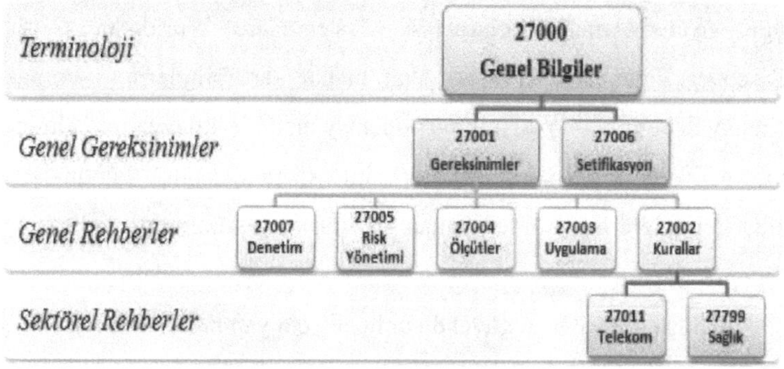

Şekil 2.18 ISO 27000 Standartlar Diyagramı

ISO 27001 standart dokümanında bilgi ve ağ güvenliğinin sağlanmasına yönelik PUKÖ yaşam döngüsü siber güvenlik alanında da kılavuz niteliğindedir. PÜKO modeli" Şekil 2.19'da gösterilmiştir[17].

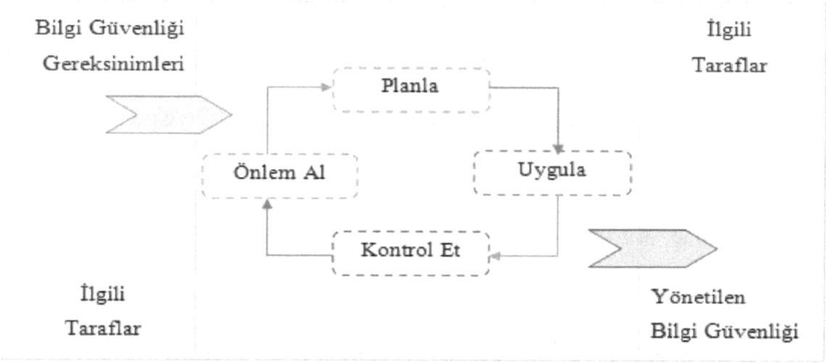

Şekil 2.19 Bilgi Güvenliği PUKÖ Modeli

TSE ISO/IEC 27001 bilgi güvenliği yönetim sistemi aynı zamanda kuruluşun bilgi ve ağ güvenliği risklerini yönetmesi, kontrolleri gerçekleştirmesi ve bunun işletmesi ve gözden geçirilmesinin önemi de vurgulanmaktadır[17,72].

2.5.2. PCI DSS

PCI (Payment Card Endüstri) veri güvenliği standartları (DSS); ilgili üyeleri(American Express, Master Card Worldwide, Visa, Discover Financial Services) olan banka kart bilgilerini korumak amacıyla belirlenmiş teknik ve operasyonel bir kılavuzdur. Online bankacılık ve kredi kartı hırsızlıklarının sıkça yaşandığı günümüzde siber tehditlere karşı önlem amacıyla uluslararası kuralları belirleyen bir gerekliliktir.

Müşterilerin daha güvende online işlem yapmaları amacıyla PCI DSS gerekliliklerinin sağlanabilmesi ve aşağıdaki 6 basamağın tamamlanması gerekmektedir;

a) Güvenli ağ oluşturulması ve yönetimi,
b) Kart sahibi bilgilerinin korunması,
c) Açıklık yönetim programının oluşturulması,
d) Güçlü erişim kontrolü kurallarının uygulanması,
e) Ağların sürekli izlenmesi ve test edilmesi,
f) Bilgi güvenliği politikası oluşturulması,

PCI DSS uyumluluğu sürekli güncellenen ve 12 adımda uygulanan aşağıdaki 3 temel işlemi kapsar.

Belirle: Ağ ve bilişim varlıklarındaki açıklıklar belirlenir. Analiz için her türlü erişim kayıt edilerek takip edilir.

Çözümle: Kart işlemlerinin güvenli olabilmesi için izinsiz işlemler engellenerek, ilgili açıklık giderilir.

Raporla: Güvenlik standartlarına uyumluluk durumu ve veri koruma kontrollerinin yapıldığına ilişkin kanıtlar rapor edilir[42].

2.5.3. COBIT

Bilişim teknolojileri üzerinde dünya ölçeğinde kabul gören ilkeler, güveni artırmaya yönelik modeller, analitik risk ölçüm araçlarını bulunduran bir model çerçevedir. Bilgi Sistemleri Denetim ve Kontrol Birliği (ISACA) tarafından bir denetim ve kontrol aracı olarak tasarlanmıştır[43].

Bilgi ve sistem güvenliğinin sağlanmasına yönelik sürecin sağlıklı işletilmesi, tehdit ve zafiyetlere karşı etkin risk yönetiminin gerçekleştirilmesine dair süreç kontrol ortamının tesis edilmesi siber güvenlik önlemlerinin alınmasına katkı verecektir.

COBIT'in bir kuruma sağladığı katkılardan bazıları özetle şu şekildedir;

a) Bilgi ve donanım varlıklarını kurum hedeflerine göre kullanır,
b) Stratejik hedeflere ulaşmak için etkin ve yenilikçi fayda sağlar,
c) Teknolojisi siber tehditlere karşı güvenilir ve verimlidir,
d) Kabul edilebilir düzeyde tehdit riskini yönetir,
e) İşletme, maliyetlerini ve hizmetleri iyi duruma getirir,
f) Süreçlerin ilgili bölümlerinde ilgili standart (ISO 9001/27001, ITIL, CMMI ve PMI vb.) yaklaşımları tavsiye eden çerçeve yapı sağlayan denetim aracı olarak katkı sağlar[17].

2.5.4. FISMA

FISMA 2002 yılında ABD hükümeti tarafından kurumların bilgi sistemleri ve veri güvenliği ile ilgili varlıkları, operasyonları koruma amacıyla hazırlanmış kapsamlı bir çerçeve planıdır.

Federal Information Security Management(Federal Bilgi Güvenliği Yönetimi Kanunu) adıyla kurumlar ve devlet adına tarafların uyguladığı tüm bilgi sistemleri için geçerlidir. Ulusal Standartlar ve Teknoloji Enstitüsü NIST(The National Institute of Standards and Technology) FISMA ile birlikte aşağıdaki güvenlik adımlarını önermektedir.

Bu adımlar aynı zamanda kurumlara yönelik bir siber saldırıların önlenmesi için siber güvenliğe katkı sağlar[44].

a) Korunması gereken bilgi varlıkları sınıflandırılır,
b) Asgari düzeyde temel güvenlik denetimleri seçilir,
c) Bir risk değerlendirme prosedürü kullanarak kontroller daraltılır,
d) Sistem güvenlik planında belirtilen kontroller belgelenir,
e) Bilgi sistemlerine yönelik uygun güvenlik kontrolleri uygulanır,
f) Uygulama sonuçlarının etkinliği denetlenir ve değerlendirilir,
g) İşin hedeflerine ve misyonuna uygun risk düzeyi belirlenir,
h) Bilgi sistemlerinde gerekli yetkilendirmeler yapılır,
i) Güvenlik kontrolleri sürekli olarak izlenir.

2.6. Yasal Düzenlemeler

Bir suçun, elektronik ortamda bilişim sistemleri aracılığı ile verilere karşı veya veri işleme bağlantısı olan sistemlere karşı işlenmesi sonucunda ortaya çıkan duruma çözüm getirir. Yasa olarak değişim ve gelişime en açık olan siber suçlardır. Teknolojiye bağlı olarak yöntem ve tarifler sürekli güncellenmektedir.

2.6.1. Siber Suçlar

Bilgisayar veya bilgisayar ağları marifetiyle siber uzayda yapılan kanunsuz bir fiilin araç veya amacı olarak kullanılmış ise gerçekleşen bu davranış hukuka aykırı ise buna siber suç denir[45].

Uluslararası literatürde bilişim suçları dolayısıyla siber suçlar başlığı altında bazı alt tanımlar oluşmuştur. Bunlar;

a) Bilgi sistemlerine ve servislerine yetkisiz erişim ve dinleme,
b) Bir bilgisayarı sabote etme,
c) Bilgisayar yoluyla dolandırıcılık, sahtecilik,
d) Kanunla korunmuş bir yazılımın izinsiz kullanımı,
e) Diğer suçlar (yasadışı yayınlar, pornografik yayınlar, hakaret, şiddet, terör).

2.6.2. Ülkemizde Siber Suçlara Yönelik Yasal Düzenlemeler

Sanal sistemler üzerinden gerçekleşen siber suçları amaçlarına göre finansal içerikli ve kişisel hakları ihlal eden suçlar olarak ikiye ayırmak mümkündür. Ülkemizde bilgi ve bilgisayar güvenliği ile kişisel gizliliğin korunması kanunları 1991 yılından itibaren son 20 senede gelişme göstermiştir. Son kullanıcı tarafından internet etkin şekilde 1998 yılından itibaren kullanılmaya başlamıştır.

BTK'nın yayınlamış olduğu rapora göre AB ülkelerinin yaklaşık 15 katı oranında bir büyüme göstermiştir[68]. Haliyle bu artış siber suçlularla mağdurları bir sanal platformda buluşturmaktadır. Artan suç olaylarının çözümlenmesi için ülkemizde de yeni kanunlara gereksinim doğmuştur. Siber suçların caydırıcılığına yönelik kanunlar;

a) 3756 Sayılı Bilişim Alanında Suçlar Kanunu
b) 5237 Sayılı Türk Ceza Kanunu(Madde: 134-137, 243, 246..)
c) 5651 Sayılı İnternet ortamında yapılan yayınların düzenlenmesi ve bu yayınlar yoluyla işlenen siber suçlarla mücadele kanunu
d) 5070 Sayılı E-imza kanunu
e) 5846 Sayılı fikir ve sanat eserleri kanunu
f) 5809 Sayılı İnternetin güvenli kullanımına ilişkin usul ve esaslar

Ayrıca AB uyum kapsamından Türk siber kanunlarının gözden geçirilmesi ve Avrupa Siber Suçlar Sözleşmesi'ne uyumlu kanun değişiklerinin hazırlanması amacıyla Federal Almanya Cumhuriyeti ile ortak 'Bilişim Suçlarıyla Mücadele Kapasitesinin Güçlendirilmesi Eşleştirme Projesi' başlatılmıştır[46].

2.6.3. Dünyada Siber Suçlara Yönelik Yasal Düzenlemeler

Son yıllarda hızla artan siber suçların önlenmesi bazı ülkelerde devlet politikası haline gelmiş olup sürekli yeni ve etkili kanunlar yayınlamaktadırlar. Dünyada bu alanda oluşan ilk bilinçlenme ve yasa oluşturma tarihleri şu şekildedir;

a) ABD'de ilk olarak 1984'de bilgisayar erişim aygıtı taklit etme, kötüye kullanım ve dolandırıcılık kanunu yürürlüğe girmiştir.
b) Fransa'da 1988'de bilişim suçları ceza kanununda yer almıştır.
c) Almanya 1997'de erişim sağlayıcılara yönelik kanun çıkarmıştır
d) Romanya 1995'de yasadışı erişimlerin engellenmesi kanununu,
e) O.E.C.D. üye ülkeleri 1986 yılında bilgisayar sistemlerinde tutulan verilerin korunmasına yönelik öneri hazırlamıştır(bkz:www.oecd.org).
f) Ülkelerin siber saldırıların önlenmesine yönelik ortak imzaladıkları ilk uluslararası belge 23 Kasım 2001 tarihinde Avrupa Konseyi Siber Suç Sözleşmesi'dir. Bu sözleşmeyi ABD, Japonya, Kanada ve Güney Afrika ve bazı Avrupa ülkelerinden oluşan 30 ülke imzalayarak kendi iç hukukuna uyarlamıştır.

BÖLÜM 3

3. KURUMSAL AĞLARDA SİBER SALDIRILARA KARŞI ÖNERİLEN ÇOK KATMANLI GÜVENLİK MİMARİSİ

Kurumsal ağ, belirli veya uzak mesafelerde kurulmuş internet, kablolu, kablosuz ağlara sahip, sunucu, istemci, kullanıcı, veri, yazılım vb. bilişim varlıklarını içerisinde barındıran sistemler bütünüdür. Siber saldırılar ise bu varlıkların her biri üzerinde tespit edilebilecek bir açıklığı kullanarak sisteme sızma işlemidir. Bu bölümde bir kurumsal ağı oluşturan sistemler ve alt bileşenler ayrı ayrı incelenerek taşıdığı siber tehdit riskleri ele alınmıştır. Öncelikle Şekil 3.1'de görüldüğü gibi yapıyı oluşturan varlıklar ve sistemler 4 temel çatı altında toplanmıştır.

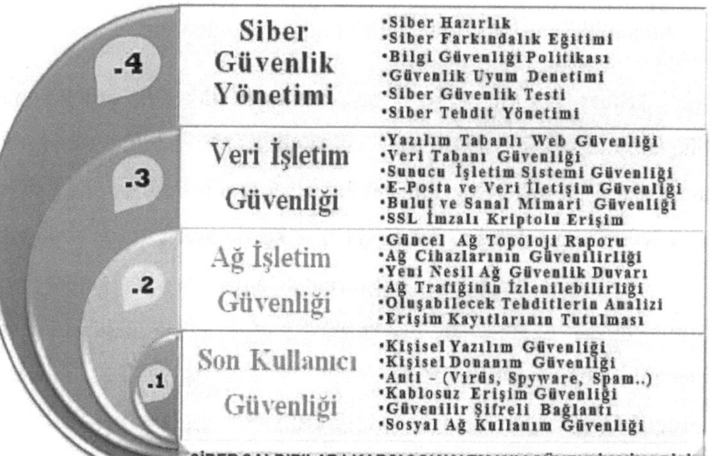

Şekil 3.1 Kurumsal Yapılarda Çok Katmanlı Siber Güvenlik

Siber saldırıların en zayıf halkası olan son kullanıcı güvenliği ilk sırada ele alınmıştır. Daha sonra ağı oluşturan varlıklar ve altyapı üzerindeki tehditler incelenmiştir. Üçüncü aşamada kurumsal ağın iç ve dış ortamla yapılan iletişim ve veri işleme servislerinde karşılaşılan güvenlik açıklarına yönelik önlemler anlatılmıştır. Son olarak günümüz siber saldırılarına karşı kurumsal bilgi güvenliğinin sağlanmasına ilişkin standartlar, politikalar, testler ve tehdit parametrelerinin yönetiminin anlatıldığı çok katmanlı güvenlik mimarisi oluşturulmuştur.

Kurumlara ait bir ağda bilgi servislerinin internet üzerinden hizmete açılması ancak çok iyi tasarlanmış güvenlik mimarileri ile mümkündür. Dış dünya ile olan bağlantılarında kesin suretle çeşitli güvenlik katmanlarını kullanmak zorundadır. Bu katmanların yanı sıra bilgi güvenliği bileşenlerinden gizlilik(confidentiality), bütünlük(integrity) ve süreklilik(availability) siber önlemlerin alınmasında göz önünde bulundurulacak ana unsurlardandır[48]. Ağda iletilecek verinin üçüncü kişilerce okunabilme, değiştirilip kesintiye uğratma tehdidine karşı güvenli bir ortam sağlanmalıdır.

"Siber saldırılara karşı çok katmanlı güvenlik mimarisinin" oluşturulmasındaki asıl amaç güvenliği bir bütün olarak ele alabilmektir. Gözden kaçabilecek bir siber tehdit unsuru ağın tamamı için açıklık oluşturabilir. Bir ağın her noktası güvenlik zincirinin birer halkası gibidir. Bu yapının oluşturulmasındaki bir diğer amaç, yeni kurulacak veya var olan bir kurumsal ağın siber saldırılara karşı dayanıklı hale getirilmesinde izlenebilecek işlem basamaklarını vurgulamak ve nasıl olması gerektiği hakkında bilgi vermektir.

Aşağıda bu mimariye ait ana işlem adımları ve alt basamaklarının daha güvenli hale getirilmesi amacıyla tek tek ele alınarak açıklanmıştır.

3.1. Son Kullanıcı Güvenliği

Şekil 3.2 Son Kullanıcı Güvenliği Alt Parametreleri

Kurumsal ağlarda son kullanıcı güvenliği oldukça önemlidir. Çünkü içerisinde pek çok teknoloji açıklıklarının yanı sıra insan davranışlarından kaynaklanan zafiyetleri de taşımaktadır. Dünyada internet kullanıcı sayısı son 5 yılda 1.15 milyardan 2.27 milyara artarak yaklaşık iki katına ulaşmıştır[1]. Bu kullanıcı bireylerin büyük bir kısmı iş ortamında çalışırken bir kurumsal ağa dâhil olmaktadırlar. İnternet üzerinden sesli, görüntülü, yazılı haberleşme, sosyal medya, bankacılık ve finans işlemleri, kamu hizmetleri, e-eğitim, e-ticaret gibi uygulamaları aktif olarak kullanmaktadırlar.

Son kullanıcı tarafında korunacak bilgiler şu şekilde sıralanabilir;

a) Kişisel bilgiler ve dokümantasyon
b) Banka ve finans bilgileri
c) Eposta hesapları ve üyelikler
d) Gizli web kamera ve kişisel görüntüler
e) Skype/MSN/Online yazışma verileri
f) Ortam dinleme ve ses kayıt
g) Sosyal medyada açık ve kontrolsüz paylaşım(Facebook, Twitter)

Çok katmanlı mimarinin ilk basamağı Şekil 3.2'de görülen son kullanıcı güvenliğidir. Siber tehditlere karşı kişi başta kendi güvenliğini sağlamalıdır. Daha sonra da bağlı olduğu kurumsal ağın güvenli olmasına özen göstermelidir. Siber tehdit ve risklerin önlenmesine yönelik son kullanıcı tarafında alınması gereken güvenlik önlemleri şu şekilde incelenebilir.

3.1.1. Kişisel Yazılım Güvenliği

İnternet erişiminde kullanılan bilgisayar, mobil cihaz türlerinin hepsinde bir işletim sistemi, tarayıcı ve diğer yazılımlar yüklüdür. Virüs ve web filtre korumasız bir cihazla web gezintisi yapma veya bir e-posta açıldığında "yan yükleme" olarak nitelenen istenmeyen yazılım kurulumları son zamanlarda sıklıkla gerçekleşmektedir. Benzer şekilde istenilmeyen bir sayfa ziyaretinde "web kapanı" olarak bilinen arka arkaya hızlı bir şekilde korsan veya reklam sayfaları açılarak tıklanmaya zorlanmakta dolaysıyla yeni zararlılar bulaşabilmektedir. Bu ve benzeri güvenlik tedbiri alınmadan yapılan bağlantılar kişisel ve kurumsal saldırı tehditlerine neden olur. Siber tehditlere karşı bilgi, belge ve ağın güvenli olabilmesi için bireysel yazılım kurulumları seçici ve özenli olmalıdır. Şekil 3.3'de olduğu gibi dışarıdan gelecek geliştirici kaynağı korsan olan ve yüklenildiğinde port ve servislerin açılması durumunda koruma amaçlı kişisel güvenlik duvarı mutlaka aktif olmalıdır[49].

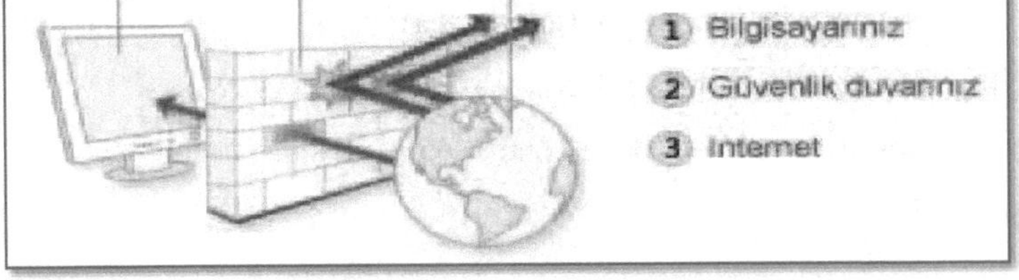

Şekil 3.3 Kişisel Güvenlik Duvarı ve Dış Dünya

Kullanıcılar tarafında alınacak bazı basit tedbirler ve kontrol listeleri, sonrasında yaşanabilecek büyük risklerin ve yatırım maliyetlerinin azalmasına fayda sağlar. Bireysel yazılımların kurulumu ve işletimi düzeyinde alınabilecek bazı siber amaçlı tedbirleri şu şekilde sıralayabiliriz.

a) Bireyin ihtiyacı ölçüsünde güncel bir işletim sistemi ve Office yazılımları tercih edilmelidir. Pek çok portu servis amaçlı varsayılan olarak açık gelen sunucu versiyonları gereksiz yere kurulmamalıdır.

b) Bilgisayardaki kurulu işletim sistemi, ofis, güvenlik yazılımlarının otomatik güncelleme seçeneği aktif olmalıdır. İleride gerekli olur düşüncesiyle güncellemesi ihmal edilen yazılımların kurulumundan kaçınılmalıdır.

c) Zamanla yüklenmiş yazılımlar belli aralıklarda incelenmeli kullanılmayan veya güncelliğini kaybetmiş yazılımlar kaldırılmalıdır.

d) Özellikle internetten yapılan kurulumlar, oyun, müzik, film indirmeler kısıtlanmalıdır. Virüs, Truva atı, trojan, bot Net eklentilerine karşı mutlaka güncel bir güvenlik taramasından geçirilmeli, kullanıcılar bu konularda bilinçlendirilmelidir.

e) Bireysel cihazlardaki kullanıcı yetki kontrolü ve sınırlılıkları yapılan işin kritiklik düzeyine göre kısıtlanmalıdır. Klasör ve sürücü paylaşım yetkileri izlenmeli, gerekiyorsa şifre yetki tanımlı paylaşımlara izin verilmelidir.

f) Kurumsal ağda bireysel makineler üzerinden WWW, FTP, DHCP, DNS gibi sunucu servisleri, teknik bilgiden uzak güvensiz ve kontrolsüz şekilde açılmamalıdır.

g) Kurumsal ağlar domain güvenlik kontrolü altında uç bilgisayarlarda kurulu yazılımlar merkezi olarak takip edilmeli, olası zararlı uygulamalara karşı taratılmalıdır.

3.1.2. Kişisel Donanım Güvenliği

İş ve ev ortamında mobil cihazlar başta olmak üzere dizüstü ve masaüstü bilgisayarlar internet erişimli hale gelmiştir. Siber saldırganlar özellikle sınırların kalktığı geniş bir alana sahip, internet erişimi olan cihazlar üzerinde yoğunlaşmaktadırlar. Son kullanıcılar tarafında kullanılan her donanım biriminin üzerinde bir güvenlik araştırması yapılmalıdır. Donanım kaynaklı oluşabilecek siber tehditlerin önlenmesi için aşağıdaki unsurlara dikkat edilmelidir;

a) Kullanılan donanım araçları üzerindeki bilinen güvenlik açıklıkları internet üzerinden sorgulanmalı, önerilen tedbirler uygulanmalıdır.

b) Genelde günümüzde internete bağlı her cihazın üzerinde çalışan yönetim yazılımına ait online güncelleme seçeneği vardır, ilk kullanım dâhil aralıklarla bu yamalar indirilerek güncelleme sağlanmalıdır.

c) Cihaza özel geliştirilmiş bir güvenlik yazılımı veya kural tanımlama fonksiyonları varsa aktif hale getirilmelidir.

d) Cihazların yönetim panellerine ilişkin fabrikasyon ayarlar gözden geçirilmeli, varsayılan olarak tanımlanan kullanıcı adları ve parolalar mutlaka belli uzunluk ve karmaşıklıktaki yenisi ile değiştirilmelidir. Şifresiz erişimler kapatılmalıdır.

e) Donanım fiziki müdahaleye açıksa oluşabilecek güvenlik risklerine karşı önlem alınmalıdır. Örneğin; Hırsızlık, port dinleme, veri kopyalama veya değiştirme, açık pencere üzerinden kritik sistemlere ulaşma veya yeni haklara sahip bir kullanıcı oluşturma gibi.

f) Cihazlar üzerinde varsayılan ve aktif haldeki dış erişim bağlantılarına hazır portlar ve servisler ihtiyaca göre kapatılmalı, uzak erişimlerde SSH şifreli bağlantı kullanılmalıdır.
g) Veri depolama özelliğine sahip donanım, taşınabilir disk benzeri cihazları ele geçirilme ve doğrudan okunabilme riskine karşı şifre koruması olmalıdır.
h) Yapıları gereği bazı donanımların bozulma, yanma, çalınma gibi bir siber saldırı sonucunda veri kaybına karşı kritik bilgilerin risk düzeyine bağlı olarak yedekleri düzenli olarak alınarak cihazlardan uzak güvenli yerlerde tutulmalıdır.
i) Cihazlar üzerinde log kayıt özelliği varsa aktif hale getirilip, analiz edilmelidir.
j) Donanım cihazlarının kolay yönetilebilmesi amacıyla geliştirici firmadan bağımsız olarak yüklenmiş olan, cihaza ek özellik kazandıracak üçüncü kişilere ait yazılımlara karşı şüpheci davranılmalıdır.

Belli kurumsal veya ticari kimliği olmayan bu tür yazılımlar her zaman risktir. Cihazı korsan amaçları doğrultusunda uzaktan yönetebilir, açık kapılar oluşturur, kanunsuz işlerde siber saldırı aracı olarak rahatlıkla kullanabilir[50].

3.1.3. Zararlı Yazılım Güvenliği

Virüsler ve zararlı yazılımların ne tür siber tehditlere neden olabildiği 2.3.1 zararlı yazılımlar başlığı altında anlatılmıştı. Zararları kısaca kimlik hırsızlığı, sahtekârlık, değiştirme, yok etme, karşı tarafa veri gönderme, engelleme ve paylaşımlı hale getirme gibi özetleyebiliriz. Spam ve tuzak e-postalarla sahte sitelere yönlendirilen phishing saldırılar çok büyük siber risk taşımaktadır.

Avrupa ölçeğinde Türkiye'nin Phishing saldırı sıralamasına Şekil 3,4'den bakılacak olursa 2012 yılı itibariyle 9.sırada yer aldığı görülmektedir[51].

Country	Number of Phish
United States	3633
Italy	281
China	218
Canada	122
Korea (South)	111
Sweden	78
Morocco	77
France	73
Turkey	67
United Kingdom	62
Germany	58

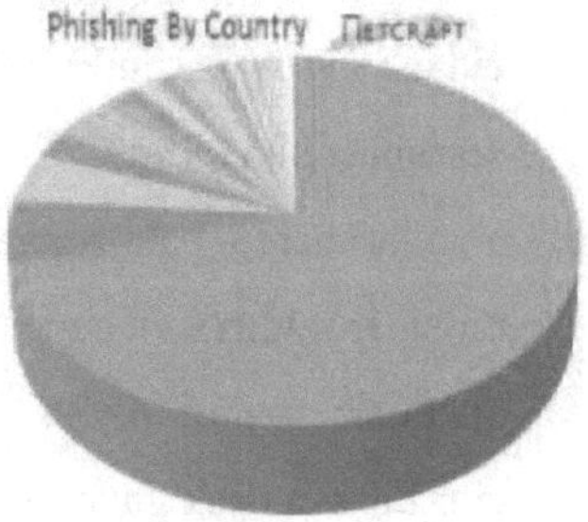

Şekil 3.4 Ülkelere Göre Phishing Saldırı Dağılımı

Zararlı yazılımlara karşı siber güvenlik için öncelikli olarak;

a) Son kullanıcılar zararlı casus yazılımlar ve olası tehditler hakkında eğitilmelidir.
b) Güncel ve otomatik tarama özellikli anti-zararlı yazılımlar mutlaka olmalıdır.
c) İmzası ve güvenilirliği olmayan sahte güvenlik yazılımları kullanılmamalıdır.
d) İçeriğinden emin olunmayan e-postalar açılmamalı ve gönderilmemelidir.
e) Temin edilen her tür yazılım ve eklenti güvenlik taramasından geçirilmelidir.
f) Şüpheli yazılımlar indirilmemeli ve linkler tıklanmamalıdır.
g) İletişim yoluyla gelen exe, com, bat, dll gibi doğrudan dosyalar açılmamalıdır,
h) Yönetici kullanıcı yetkileri ile tüm haklara sahip son kullanıcılara mümkünse kullandırılmamalı, çalışmakta olan anti-virüs programı durdurulmamalıdır.

3.1.4. Kablosuz Erişim Güvenliği

Kablosuz ağlarda tüm verinin çeşitli dalga boylarında havadan iletilmesi, kablolu iletime göre daha fazla güvenlik sorunu oluşturabilmektedir. Özellikle mobil cihazlardaki kullanım artışı siber tehditlerin yönünü bu tarafa çevirmiştir. Kritik düzeyde olan kişisel ve kurumsal verilerin kablosuz bir ağda taşınması güvenlik riskini daha da artırmaktadır. Deloitte'un "2013 TMT(Teknoloji, Medya ve Telekomünikasyon) Küresel Güvenlik Çalışması" raporuna göre, işyerlerinde %78 oranında mobil cihazlar kullanılmakta ve bu cihazların üçte biri denetimsiz olarak uygulamalara bağlanmaktadır[52]. Halen kablolu iletim kadar güvenliği artırılamayan kablosuz ağlar için önlem amacıyla aşağıdaki bazı tedbirler alınmalıdır;

a) Kablosuz iletişimde WPA, WPA2 gibi bir şifreleme ile en az 40 karakterli karmaşık yapıda ağ anahtarı (PSK: Pre-Shared Kay) kullanılmalıdır.
b) PEAP gibi sertifika tabanlı kimlik doğrulama olmalıdır.
c) Kablosuz erişimin başlatılmasında kullanıcı adı ve parola doğrulaması en az sekiz karakter, basit olmayan, güçlü ve karmaşık yapıda olmalıdır.
d) Halka açık ve güvenliğinden emin olunmayan kablosuz ağ erişimleri üzerinden kesinlikle kişisel hesap doğrulaması gerektiren özel uygulamalara girilmemelidir.
e) Wi-Fi destekli dizüstü, tablet veya mobil cihazlar, otomatik bağlanma konumunda tutulmamalıdır. Cihazın şifre doğrulaması gerektirmeyen sahte ve tuzak olabilecek türden erişim noktalarına bağlanması, iletilen bilgilerin ele geçmesine neden olabilmektedir.
f) Kişisel erişim noktaları varsa SSID adının gizlenmesi güvenliğe katkı sağlar.

g) Her ne kadar bazı yazılımsal araçlar kullanılarak MAC adresleri değiştirilse de, erişim noktalarına bağlanma MAC adres doğrulaması ile güçlendirilmelidir.
h) Kablosuz modemlerde varsayılan olarak gelen kullanıcı adı ve şifreleri mutlaka değiştirilmelidir.
i) Modemlerde DHCP otomatik IP dağıtım özelliği mümkünse kapatılmalıdır.
j) Varsayılan ve çok kullanılan 10.0.0.1 veya 192.168.1.1 gibi ağ geçitleri ve cihaz IP'leri yerine 10'la ve 192.168'le başlayan rastgele IP'ler tanımlanması, otomatik siber saldırı taraması yoluyla tahmin yapma yanıltıcı olabilir.
k) Genelde 11 olarak varsayılan tanımlı ağ yayın kanalı, farklı kanalla değiştirilmelidir.
l) Güvenlik duvarı uygulamasına sahip bir modem olmalıdır.
m) Modem yapılandırması için sadece yerelden ve sahibinin IP'si yetkilendirilmeli, ayar için http ve telnet erişim desteği kapatılmalıdır.

3.1.5. Güvenilir Şifreli Bağlantı

Son kullanıcının uzaktaki bir ağa, sunucuya veya bir portal uygulamasına olan bağlantı altyapısı siber saldırılara karşı güçlü olmalıdır. En önemlisi bilginin değişikliğe ve kesintiye uğramadan, silinmeden, iletinin içeriği okunmadan güvenli şekilde iletimidir. Kablolu veya kablosuz erişimde güvenlik amaçlı SSL, VPN, sayısal imza, çeşitli şifre algoritmaları veya sertifika tanımlamaları, siber önlem açısından önemli katkı sağlamaktadır. Özellikle e-finans, e-ticaret, e-eğitim, e-posta, e-devlet, e-portal gibi kısaca internet tabanlı olan uygulamalar sertifika anahtarlı olmalı ve aradaki trafik kriptolu iletişim şeklinde gerçekleştirilmelidir. Bilginin internet üzerinden bu denli el değiştirmesi bilgi güvenliği için şifrelemeyi kaçınılmaz hale getirmiştir. Bir son kullanıcı, siber önlem açısından yapacağı erişimlerde şu noktalara dikkat etmelidir;

a) Kullanıcı ve sunucu arasında yapılacak olan kritik uygulamalarda karşılıklı tarih ve zaman kontrollü şifreli iletişim için SSL bağlantı olduğuna dikkat edilmelidir.
b) İletilen bir mesajın değişmediğinin bir ispatı niteliğinde sayısal imza kullanılabilir.
c) İletilen bir verinin gerçek kişiye ait olduğunun kanıtı olarak bir sertifika doğrulama otoritesi (GlobalSign, VeriSign, KamuSM vb.) kök sertifikaları kullanılabilir
d) İnternet bankacılığı gibi veri gizliliği ve koruması gerektiren bağlantılarda Google Chrome, Mozilla Firefox, Safari ve Microsoft İnternet Explorer gibi tarayıcılarda sahte ve taklit site yönlendirmelerini engellemek için https erişim sağlanmalıdır.
e) Bir personel, çalıştığı kurumun ağına uzaktan erişmek istediğinde, VPN türü sanal şifreli tünel bağlantıları oluşturulmalıdır.
f) Özellikle online işlem sayfalarına erişimde, kullanılan ağın veya servis sağlayıcının güvenilir yapıda olduğuna dikkat edilmelidir.
g) Bazı tarayıcılar kullanıcı adı ve parola doğrulaması isteyen site bilgilerini tutmaktadır. Doğrudan hatırlatılabilir durumda olan bu hassas bilgiler siber saldırganlar için vazgeçilmez öneme sahiptir. Bu tür bilgilerin hatırlanabilir olmasına izin verilmemelidir.
h) Üye işlemlerinde her yerde aynı kullanıcı adı ve parola kullanılmamalıdır. Kötü amaçlı kişiler, az güvenli olan yerlerden elde ettikleri bu bilgileri, bankacılık gibi güvenli ortamlarda kullanırlar.

i) Üyeliklerde kullanıcı adı ve parolalar kolay tahmin edilebilen kişisel veya çevresel bilgilerden uzak, içerisinde farklı karakterlerin kullanıldığı, en az 6 karakterden oluşan ve belli aralıklarda parolaların değiştirildiği yapıda olmalıdır[53].

3.1.6. Sosyal Ağ Kullanım Güvenliği

Sosyal ağların kullanımına yönelik bireysel alışkanlıklar gün geçtikçe artmaktadır. Sosyal medya, siber tehdit araştırmasında saldırganlar için yaygın kullanılan bilgi toplama kaynağıdır. Facebook, twitter, myspace, friendster, xanga, linkedin ve blogspot gibi 300'e yakın sosyal ağ içerikli web sitesi vardır[50]. Saldırı öncesinde hedefle ilgili bağlantılar, üyelikler, alışkanlıklar, özlük ve iletişim bilgileri gibi siber tahminlerin yürütülmesine katkı sağlayan bilgiler edinilmektedir. Sosya media kullanımları hızla artış göstermektedir. Bu tür sosyal paylaşımların eğitici yanları olmasına karşılık, korsanlar açısından, son kullanıcılar üzerinde denenebilecek çok sayıda siber saldırı örneğini de oluşturmaktadır. Nisan 2012 SocialBarkers.com ve Alexa.com sitelerinin analiz verilerine göre Türkiye'de ortalama 31 milyon Facebook hesabı, 7 milyon Twitter üyeliği, en çok ziyaret edilen 25 siteden 15'i sosyal medya trafiği olarak tespit edilmiştir.

Splashdata güvenlik firmasının 2012 yılı verilerine göre kullanıcıların en yaygın kullandığı siber korsanların ise yakından takip ettiği en çok kullanılan ilk 25 adet parola listesini yayınlamıştır. Buna göre, Facebook, Twitter, LinkedIn ve pek çok e-posta üyeliklerinde en sık "Password, 123456" gibi tahmin edilmesi çok kolay şifreler kullanıldığı tespit edilmiştir. Facebook günde 600 bin üyeye ait bilginin yanıltıcı tuzak yöntemlerle ele geçirilmeye çalışıldığını açıklamıştır. Sistemdeki bir açıklık sonucu 6,5 milyon LinkedIn kullanıcı hesabı Rus siber korsanlar tarafından ele geçirilip forumlarda yayınlanmıştır. Bu örnekler sosyal medyadaki güvenliğin önemini bir kez daha ortaya koymaktadır[54]. Son kullanıcının sosyal ağ üzerinde siber tehditlerden korunabilmesi için bilinçli ve duyarlı olmanın yanı sıra şu kurallara da dikkat etmelidir;

a) Sosyal ağlarda paylaşılan bilgileri önemsemeli ve sınırsız şeklide kendi veya tanıdığı kişilerle ilgili her bilgiyi açıklamamalı, özellikle hesap bilgileri kesinlikle paylaşılmamalıdır.

b) Çoğu sosyal medya üyelikleri alış veriş siteleri tarafından da tanınmakta ve doğrudan işlem hakkı vermektedir. Kullanılan password'ler sayı ve harflerden oluşan karmaşık yapıda olmalıdır,

c) Üyelikler üzerinden dağılan ve masum gibi görünen medya linki, e-posta eklentilerindeki virüs, trojan zararlılarına dikkat edilmelidir.

d) Sosyal medyada korsanların gerçek kimliklerinin gizlenmesi bir tehdittir.

e) Farklı kimlikler altında davranarak son kullanıcıya yönelik şantaj, hile, korku, rüşvet gibi yöntemlerle kritik bilgilerin ele geçirilmemesine dikkat edilmelidir,

f) Teknik bilgi faydalı yazılımlar ve link iletilerinin gerçekliği araştırılmalıdır.

g) Worm, spam, dolandırıcılık yöntemleri gibi haber kaynakları sorgulanmalıdır.

h) Sosyal medyaya girişte kullanılan cihazdaki yazılımların güncel, antivirüs ve güvenlik duvarının etkin ve kritik verilerin şifreli ve yedekli olmalıdır.

i) Açık alanlar, kafe, otel gibi açık erişimli alanlarda kullanılan bilgisayarlardan ayrılırken üyelik ekranları mutlaka normal yoldan sonlandırılmalıdır[55].

3.2. Ağ İşletim Güvenliği

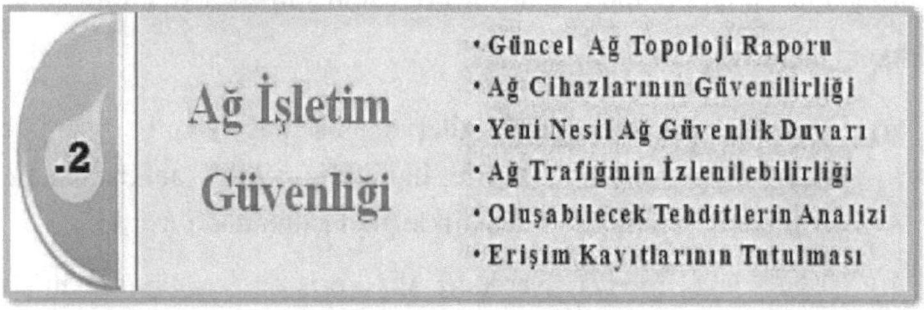

Şekil 3.5 Ağ İşletim Güvenliği Alt Parametreleri

Siber tehditlere karşı çok katmanlı güvenlik mimarisinin ikinci katmanı, Şekil 3.5'daki gibi ağ işletim güvenliği ve alt parametreleridir. Kurumsal yapılarda bir ağın kurulması, işletilmesi ve güvenliğinin sağlanması büyük önem taşır. Bu bölümde gerçek zamanlı etkin bir koruma sağlamak için ağ yapısı, donanımı, veri trafiğinin yönetimi ve analizi gibi çeşitli güvenlik boyutları incelenmiştir. Ağ üzerinde tek bir noktada güvenlik denetimi yapılması, günümüz siber saldırıları için oldukça yetersiz kalmaktadır. Farklı yöntemlerle savunma tedbirlerinin alınması, gelebilecek tehlikenin aşamalı olarak engellenmesini sağlar. Her kurumun kendi bilgi varlıkları üzerindeki risk düzeyine göre ağ güvenlik yaklaşımı farklılaşır. Bu nedenle burada anlatılan kurallar daha katı veya esnek yapıda uygulanabilir.

3.2.1. Güncel Ağ Topoloji Raporu

Kurumsal ağı oluşturan bilgisayar ve diğer aygıtları yönetilebilir bir düzende görüntülemek için güncel bir ağ güvenlik haritası oluşturulmalıdır. Ağın büyüklüğü ve içerisinde bulundurduğu ekipmanların yoğunluğu ölçüsünde haritalama işlemi manuel veya otomatik tespit araçları ile gerçekleştirilir[3]. Siber saldırılara karşı alınacak önlemlerin etkili olabilmesi, ancak ağ topolojisinin güncel kayıtlarının alınıp izlenmesi ile mümkündür. Ağın kurulumu ve işletimi sırasında yapılan tüm tanımlamalar ve kurallar bu harita üzerinden takip edilebilmelidir. Siber güvenliğine olan katkısı maddeler halinde şu şekilde özetlenebilir;

a) Ağa bağlı bilgisayar ve bilgi varlıkları üzerindeki güvenlik politikaları izlenir,
b) Ağ güvenlik haritasında aygıt adı, IP tanımları, yerleşim yeri ve kategorisi belirtilir,
c) Cihazların korunma durumları ve sızma durumları bütün üzerinde görülebilir,
d) Ağ bağlantı geçişleri ve yedekleme durumu takip edilir,
e) İnternet hizmeti alan aygıtların erişim noktaları ve oluşturacağı riskler hesaplanır,
f) Güvenlik duvarı ile diğer cihazlar üzerindeki port ve kural izinleri doğru kurgulanır,
g) DDOS ataklarına karşı yük dengeleme ve hızları takip edilir,
h) Ağ üzerinde tanımlı veya tanımsız aygıtlara erişim haklar izlenir.

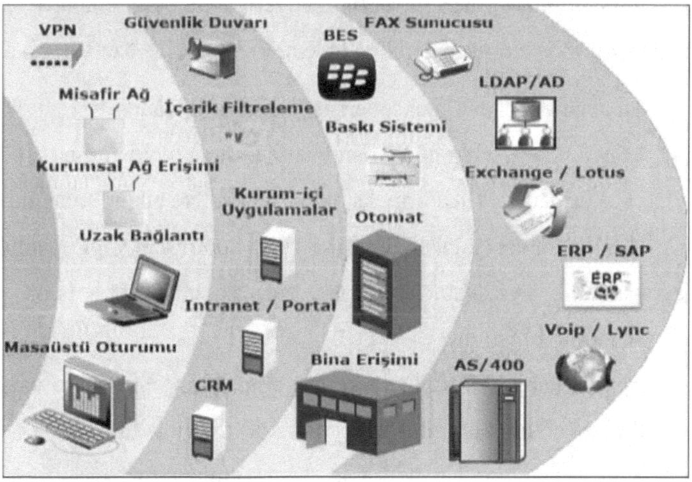

Şekil 3.6 Kurumsal Ağ Varlıkları

Kurumsal ağı ve internet paylaşımını oluşturan; bilgisayarlar (masaüstü, dizüstü, sunucu, tablet vd.), yönlendirici anahtarlar, mobil cihazlar, yazıcılar, ortam aygıtları, depolama ve medya aygıtları gibi Şekil 3.6'de görülen cihaz kategorileri güvenlik topolojisine yansıtılır, bkz.: http://www.datamarket.com.tr. Olası bir siber saldırı ve yaşanabilecek erişim kesintilerinde, sorununun kısa yoldan çözümü ve alternatif bağlantı noktalarının oluşturulmasına da katkı sağlar.

3.2.2. Ağ Erişim Cihazlarının Güvenliği

Kişisel veya kurumsal internet erişimlerinde veri trafiğinde geçiş noktaları görevi gören ağ cihazlarında da belirli güvenlik ilkeleri uygulanmalıdır. Bu ağ geçiş kapıları doğrudan uluslararası ağın bir parçası olabilmektedir. Dolayısıyla bu büyük ağda var olan veya kurgulanan yeni siber tehditlere maruz kalabilmektedir. Ağ geçiş kapıları, sunucu servislerinin ve internet uygulamalarının son kullanıcılara iletilmesinde ara aktarımları gerçekleştirdiklerinden bu noktaların fiziksel ve yazılımsal olarak korunması güvenlik açısından oldukça önemlidir. Siber güvenlik zafiyetlerinin yaşanmaması için cihazlar üzerinde alınması gereken önlemleri şu şekilde özetlenebilir;

a) Cihazlar doğrudan fiziksel erişimlere açık olmamalıdır.
b) Yönetim konsolları güçlü parolalarla korumalı olmalıdır.
c) Oluşturulan yetkilendirmeler sınırlı ve kişilere tanımlı olmalıdır.
d) IOS yazılımları güncel olmalı ve yama kontrolleri yapılmalıdır.
e) Kablolu veya kablosuz erişim alacak cihazlar tanımlı ve denetimli olmalıdır.
f) Ağa takılabilecek sahte ve korsan ağ dağıtım cihazlarına karşı, fiziksel erişim kontrollü yazılımsal koruma olmalıdır.
g) Tanımlanan kurallar sürekli ve güncel tutulmalıdır.
h) Kullanılan ağ cihazına özgü yayımlanan siber tehdit açıklıkları takip edilmeli ve güvenlik ilkelerine uyumlu olmalıdır.

i) Güvenliği uygun olmayan veya güncellenemeyen cihazlar ağdan izole edilmelidir.

j) Güvenlik duvarı ile diğer cihazlardaki port ve kural izinleri doğru kurgulanmalıdır.

k) Broadcast, filtreleme ve koruma gibi özellikler aktif olmalıdır.

3.2.3. Yeni Nesil Ağ Güvenlik Duvarı

İnternet tabanlı uygulamaların ve kullanıcı alışkanlıklarının artış gösterdiği günümüz siber aleminde tehditlerde tehditler de çeşitlenerek artmaktadır. Servislerde oluşan önemli farklılıklar nedeniyle eskiden olduğu gibi sadece port ve protokol kısıtlaması yeterli olmamaktadır. Sanal ve bulut mimariler, uzak veri depolama merkezleri, mobil servisler, güvenlik duvarını uygulama tanıma ve filtreleme özellikli hale getirmiştir. IP tanımlı izinler, ve port kontrolleri, yerini yeni nesil güvenlik duvarlarında kimlik tanıma ve izin atama şeklinde dönüşmüştür. Bir kurumsal ağda, hangi uygulamaya hangi sunucuda hangi kullanıcı grubunun izinli olacağı, merkezi yönetilebilir bir kimlik yetkilendirme ve trafik sınıflandırma ile mümkündür.

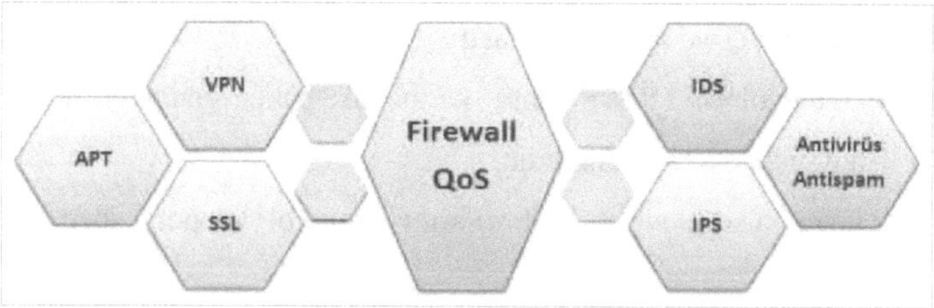

Şekil 3.7 Yeni Nesil Güvenlik Duvarı Bileşenleri

Yeni nesil güvenlik cihazları kural ve politikalara bağlı izin tanımlarının yanı sıra saldırı önleme, virüs tarama, VPN bağlantı oluşturma, içerik filtreleme gibi kural ve politikalara bağlı izin tanımlarının yapılabildiği yeni nesil güvenlik cihazları, Şekil 3.7'de verilmiştir. Bu ürünler birbirleri ile uyumlu fonksiyonel ve bütüncül yapıda olmalıdır.

Siber tehditlerin önlenmesinde birinci önceliği sahip öncelikteki güvenlik duvarlarının etkili bir savunma yapması için şu özelliklere sahip olması gerekir. ;

a) Yetkilendirme ve izinler, portlar ve IP üzerinden değil uygulama kimliği tanıma ve erişim kimlik doğrulaması üzerinden yapılmalıdır.
b) Bilinen tehdit türlerini tanımalı ve güncel koruma özelliklerini desteklemelidir.
c) Kullanıcılar ve cihazları belli özellikte gruplara ayırarak güvenlik politikalarını ve tanımlanan kuralları daha anlaşılır şekilde olmalıdır
d) İçerideki servis, uygulamalar ve ihtiyaç duyacakları port izinleri ile trafik önceliklendirme gereksinimleri dikkate alınarak sınıflandırılmalıdır.
e) Kurumsal kullanıcı kimliğinin dizin yetkilendirme servisleri ile entegre şekilde tanımlanması ile uygulama erişimlerindeki denetimler ve takip kolaylaşır.
f) Uzun süreli DDOS atağı ve bozuk paket gönderen IP'leri tanımalı ve engellemelidir.
g) İmza tabanlı sistem saldırılarını protokol ve port düzeyinde tanımalı,
   P2P bağlantıları, sahte yönlendirme adresleri içeren, belli ülkelerden gelen istenmeyen ve bilinen güvenlik riskleri taşıyan şüpheli erişimlere izin vermemelidir.
h) Üzerinden akan trafiği gözlemleyerek, uygulama ve port bazında kullanım raporu oluşturabilen yapıda olmalıdır.
i) İzinsiz dosya ve veri aktarımlarına müdahale edilebilmelidir.

j) İnternet ve uygulama erişimi, kullanıcı ve saat bazında denetlenebilir olmalıdır.
k) URL filtreleme ve web erişim denetimi özelliğine sahip olmalıdır.
l) Güvenlik duvarının yönetim paneli zorunlu olmadıkça internet üzerinden erişime açılmamalı, içeriden yapılan bağlantı mutlaka SSH benzeri şifreli yapıda olmalıdır.
m) Güvenlik duvarından sorumlu olan personele siber güvenlik eğitimleri sağlanmalıdır.

3.2.4. Ağ Trafiğinin İzlenilebilirliği

Gerçek zamanlı ağ ve internet trafiğinin ağ ve internet trafiğinin gerçek zamanlı izlenmesi, siber tehditlerin ve sorunların saptanmasına yardımcı olur. Bu izleme sayesinde ağ cihazları, sunucular ve kullanıcı bilgisayarları üzerinde gelen giden veri trafiği çözümlenir. Aynı zamanda, yaşanabilecek saldırı ve DDOS ataklarına karşı stratejiler oluşturmayı da sağlar. Günlük, haftalık yâda ya da aylık ağ kullanım istatistiklerini kayıt altına alınmalıdır. Böylece, geriye dönük veri trafik analizleri yapılabilir. Sistem ve ağ cihazları ile yoğunluk, kapasite, CPU kullanımı gibi bilgileri görüp analiz edilerek sağlıklı değerlendirmeler yapılabilir.

Kurumlara ait portal ve sunucu servislerinin engellenmesine yönelik protesto niteliğindeki siber saldırıların tespiti için aşağıdaki bilgiler tutulmalıdır. ;

a) Ağ mimarisi üzerinde yoğunluk desenleri oluşturulabilmelidir.
b) Dosya indirme ve yükleme trafiği kaydedilmelidir.
c) Sunucu, masaüstü, bulut, mobil ve sanallaştırılmış ortam trafikleri ayrı ayrı raporlanabilmelidir.
d) Bağlantı türüne göre LAN, , ADSL, VDSL, çevirmeli bağlantı, yüksek hızdaki metro ve uydu bağlantıları izlenebilmelidir,

e) Ağdaki veri trafik yoğunluğu, limit aşımı durumlarında uyarı sistemi olmalıdır,

f) Router, omurga anahtar, güvenlik duvarı cihazlarına ait CPU, hafıza, disk kullanım yoğunlukları ve anlık değerler izlenebilmelidir,

g) Kullanılacak trafik izleme yazılımı farklı aktif cihazlarla uyumlu olmalı ve ağda gözden kaçabilecek korsan veri geçiş bağlantıları olmamalıdır,

h) Ağ trafikleri izlenerek kurumu ve ağı siber tehditle maruz bırakacak korsan ve zararlı trafiğin engellenmesine yönelik kurallar oluşturulur.

3.2.5. Erişim Kayıtlarının Tutulması

İnternet gezintileri, sosyal paylaşım siteleri, elektronik haberleşme, oyun ve eğlence sitelerine erişim kayıtları 5651 sayılı yasayla kurumların ve servis sağlayıcıların kayıt altına alması zorunlu hale gelmiştir. İnternet gezintileri, sosyal paylaşım siteleri, elektronik haberleşme, oyun ve eğlence sitelerine erişim kayıtlarının, 5651 sayılı yasayla, kurumlar ve servis sağlayıcılar tarafından kayıt altına alınması zorunlu hale gelmiştir. İnternet yoluyla işlenen suçlara; dolandırıcılık, sahtecilik, izinsiz kullanım, yetkisiz erişim ve hesap ihlali gibi işlenen suçların ortaya çıkartılmasında, erişim kayıtlarının rolü büyüktür. Web ve portal hizmeti veren kurumlarda sunucu servislerine iç ve dış erişim kayıtları tutulmalıdır. Saldırı şüphesi oluştuğunda veya bir erişim kısıtlaması gerektiğinde, bu tür kayıtlar üzerinden değerlendirme yapılır. Saldırının kim tarafından, hangi IP'lerden, ne zaman gerçekleştirildiğine dair bilgilerin tutarlı olabilmesi için erişim kayıtlarının(log) zaman ve tarih mührü ile saklanılması gerekmektedir. Bu aynı zamanda 5070 Sayılı Elektronik İmza Kanunu'nun gereğidir. Zaman mührü, dijital verinin üretildiği, değiştirildiği, gönderildiği, alınıp kaydedildiği zamanın tespitini sağlayan elektronik veridir.

Günümüz ağ yapıları Şekil 3.8 örneğinde olduğu gibi, farklı bölgelerde şubeleri olan, bulut erişimleri ve veri depolama merkezleri üzerinden dağıtık uygulamaların servis edildiği bir mimari yerleşime benzemektedir. Bu tür dağıtık yapılarsa yapılarda siber tehditlerin ve ağa yapılan sızmaların önüne geçilmesi için yapının tamamı üzerinde içi-dış erişim ayrıntıları tutulur.

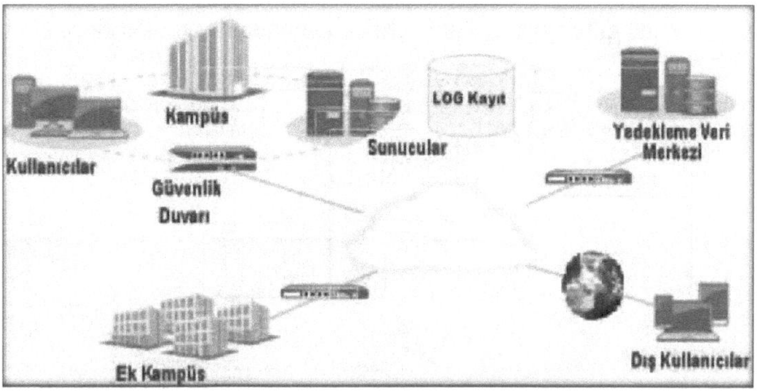

Şekil 3.8 Olay Kayıtlarının Merkezi Sistemle Tutulması

Kullanıcı erişimleri, sunucular, ağ cihazları, şube bağlantıları ve yedekleme merkezlerinde oluşan veri hareketleri, saldırı analizinde önemlidir. Siber güvenlik amaçlı kayıtlar şu şekilde tutulabilir; Bilişim suçlarının tespiti için tespitinde iz kayıtlarının en önemli kanıt olabilmesi için zaman damgası ile 'hash' teknikleri kullanılması en önemli önceliktir. Daha sonra;

a) Kablolu, kablosuz açılan tüm oturumlar IP, Mac, Kullanıcı kimliği ile
b) Kullanıcıların eriştiği web sayfaları zaman ve gizlilik mührü ile
c) Kurum sunucularına gelen web, oturum ve işlem bilgileri,
d) Kayıt disk kota aşımı veya sorun uyarı bildirim destekli,
e) Arşiv kayıtlar üzerinde silme ve değiştirilmeme korumalı,
f) Kritik bilgi sistemlerin kamera ve görüntü kayıtları ile

g) Kayıtların risk durumuna göre 6 ile 12 ay arasında saklanılması şeklinde kayıtların oluşturulması, siber güvenlik denetimlerinde veya adli incelemelerde geçerli belge niteliği taşıyacaktır.

3.2.6. Oluşabilecek Tehditlerin Analizi

Yukarıda ağ trafiğinin izlenmesi ve kayıtların tutulması başlıkları altında belirtildiği şekilde belirtilen ön tedbirlerden sonra, bu veriler risk düzeyine göre ayırılır. Siber tehlike yönünden doğabilecek risklerin önlenmesi için şekil 3.9'daki gibi acil, kritik, yüksek, orta, düşük önem derecesine göre kategorilere ayırılır[56]. İçerideki varlıkların ve sistemlerin etkilenme dereceleri belirlenir.

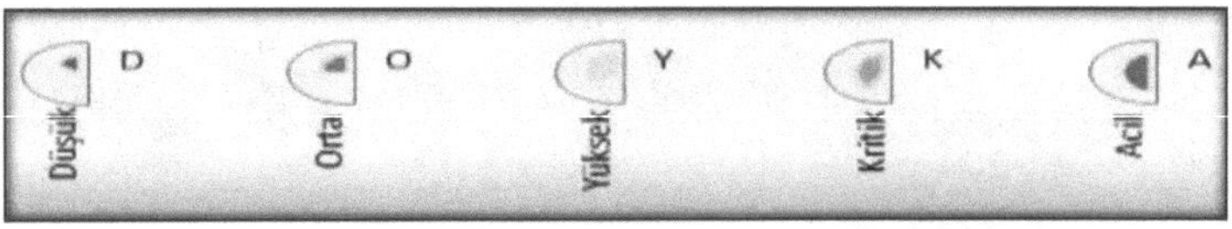

Şekil 3.9 Risk Tehdit Değerlendirme Ölçeği

Yapılan bu çalışmalarının sonucunda risklerin düşürülmesi veya ortadan kaldırılmasını sağlayacak kontrol önlemleri belirlenir.

Tablo 3.1 Etki Biçimine Göre Tehdit-Açıklık İlişkilendirmesi

Etki Biçimi	Açığa Ait Açıklama
Bilgi Açığa Çıkarılması	Sistem, uygulama veya altyapısı ile ilgili bilgi edinilmesine olanak sağlayan açıklar.
Gizliliğin Bozulması	Sistem, uygulama veya veritabanı üzerinde bulunan gizli bilgilerin elde edilebileceği açıklar.
Erişilebilirliğin Engellenmesi	Hizmetleri engellemeye yönelik açıklar.
Yetkisiz Erişim Sağlanması	Sistem, uygulama ve veritabanlarına yetkisiz bir şekilde erişime sebep olan açıklar.
Bütünlüğün Bozulması	Sistem ve uygulamalar arasında akış halinde olan bilginin tutarlılığının veya doğruluğunun bozulmasını sağlayan açıklar.

Tablo 1'de belirtildiği şekilde tehditlerin "Gizlilik, Erişilebilirlik ve Bütünlük" yönünden ilişkilendirilmesi yapılır[57]. Kontrollerin amacı, siber tehdit riskini kurumun kabul edebileceği bir değere düşürmek olmalıdır. Alınacak tedbirlerin boyutu, teknolojik imkânlar, yasalar, düzenlemeler ve güvenlik politikaları dikkate alınarak analizler yapılır. Oluşabilecek tehdit analizleri ve kontroller belirlenirken başvurulabilecek kaynaklardan birisi de "TS ISO/IEC 27001:2005 Bilgi Teknolojisi Gereksinimler" Standardıdır. Ağ yapıları ve bilgisayar sistemlerinin siber tehditlere dayanıklı ve güvenilir olması için, tehdit analizinde şu aşağıdaki unsurlara dikkat edilir;

a) Hedef odaklı günlük iş çizelgesi doğrultusunda yapılan erişim aktiviteleri,
b) Kurumsal kaynaklara internet trafiği üzerinden gelebilecek tehditler,
c) İç kullanıcı erişimlerinden kaynaklı tehditler,
d) Cihazlara yapılacak tanımsız kaçak erişimler,
e) Beklenilmeyen veya kural dışı trafik akışı,
f) Veri tabanı ve yazılım kaynaklarına olağandışı yapılan erişimler,
g) E-Posta, DNS, Domain ve sunucular üzerindeki işlem kayıtları,
h) Ağda kritik öneme sahip güvenlik duvarı üzerinde yapılmış tanımlara uygun geçişlerin doğruluğu analiz edilir.

Bu raporlar ışığında tespit edilen açıklıklar ve uygunsuz tanımlar giderilerek güvenli erişim ve işletim statüsü kazandırılmış olur.

Kötü niyetli erişimler, yanlış kullanımlar, güvenli olmayan bağlantılar, çalışanların iç ve dış sistemlere olan güvenlik zafiyeti gibi nedenlerden kaynaklanan zararlı kullanımlar tespit edilerek gerekli tedbirler alınmış olur. Bu şekilde, bir kurumsal ağda zincirinin en zayıf halkası olan son kullanıcı güvenliğinden sonra "ağ işletim güvenliği" boyutunda da alınması gerekli siber önlemler gerçekleştirilmiş olur.

3.3. Veri İşletim Güvenliği

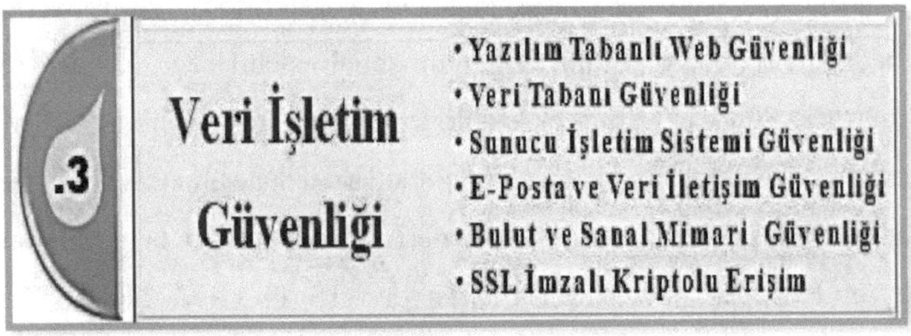

Şekil 3.10 Veri İşletim Güvenliği Alt Parametreleri

Kurumsal bir yapı, içersin de elde edilen, üretilen veya şekillendirilen bilgilerin işletimi için yazılımı, veritabanı, web, sunucu ve güvenlik paylaşımı gibi adımlara ihtiyaç duyar. Çalışanların ve paydaşların, kullanacakları bir uygulamaya veya veriye internet üzerinden erişme alışkanlığı yaygınlaşmaktadır. Bir ticari veya kurumsal yazılımı eskiden olduğu gibi internete kapalı halde kullanmak neredeyse mümkün olmamaktadır. Çünkü kullanılan yazılımlarda sıklıkla güncelleme ihtiyacı duyulmaktadır. Bilginin güvenli şekilde saklanmasının yanı sıra iş yapılan kurumlarla da veri paylaşımları gerekebilmektedir. Kurumdaki pek çok varlık gibi, bilgide bilgi de silinmeden, tahrip edilmeden, bütünlüğü ve gizliliği korunması gereken önemli varlıktır. Siber tehdit ve saldırılara karşı işlerin sürekliliğinin sağlanması, meydana gelebilecek aksaklıkların azaltılması için veri işletim güvenliğinin sağlanması gereklidir. Şekil 3.10'de listelenen veri işletiminde siber güvenliğin sağlanmasına etki eden parametreler alt başlıklar şeklinde incelenmiştir.

3.3.1. Yazılım Tabanlı Web Güvenliği

Kurumsal mimarilerde kullanılan yazılımlar gün geçtikçe web tabanlı, diğer web servisleri ile etkileşimli, dinamik veri girişli farklı kod mimarilerinin birlikte kullanıldığı zengin içerikli görsel uygulamalar şeklinde kurgulanmaktadır. Bu kadar kapsamlı inşa edilen yazılım uygulamaları deneyim ve dikkat gerektirmektedir. Siber dünyada ise korsanlar için sistemlere yetkisiz giriş kapısı olmaktadır. Yazılımın daha ilk analiz aşamasında siber güvenlik, projenin temel adımlardan biri olmalıdır. Sonrasında yapılan yatırım maliyeti Şekil 3.11'de gösterildiği gibi hızla artmaktadır.

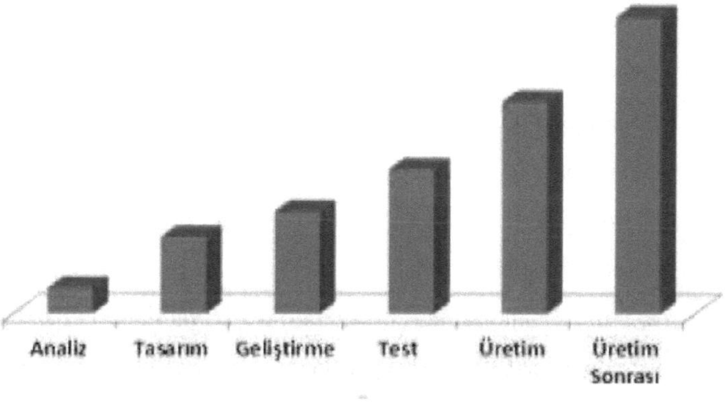

Şekil 3.11 Güvenli Uygulama İçin Açıklık Giderme Maliyeti

Finans, bankacılık, kamu, enerji, savunma, eğitim, sağlık gibi siber saldırıların odaklandığı kritik uygulamalar, OWASP ESAPI test süreçlerine uygun geliştirilmelidir. Bu süreçlere örnek teşkil edebilecek adımlar, Şekil 3.12'deki güvenli yazılım geliştirme basamakları şeklinde görülmektedir. Bilgi güvenliğinde açıklık yaşanmaması için bu basamakların her biri, yazılım ekibinde görevli güvenlik uzamanı tarafından gerçekleştirilmelidir.

Şekil 3.12 Güvenli Yazılım Geliştirme Basamakları

Yazılım işletime alınmadan önce gerçeğe yakın test ortamında çeşitli saldırı işlemlerine tabi tutulmalıdır. Bu işlemlerin beraberinde siber dayanıklı yazılımlar geliştirmek için aşağıdaki bazı ana unsurlara da dikkat edilmesi gerekir[31];

a) Hatalı kod yazımı, yanlış algoritma veya parametre kullanımlarına gereğinden fazla hak ve yetki atamalarına
b) Ekipte güvenlik alanında deneyimli kişilerin bulunmasına
c) Gereksiz ve ucu açık özelliklerin kaldırılmasına
d) Yazılım ekibine güvenli yazılım eğitimi ve farkındalığın kazandırılmasına
e) Güvenli yazılım standardı EAL4 (Evaluation Assurance Level) rehberliğinde temel açıklık nedenlerinin gözden geçirilmesi, bk.: http http://csrc.nist.gov/ Örnek açıklar ve giderme yöntemlerinin incelenmesine bk. : WebGoat
f) Yazılım dünyasında en sık yapılan hataların incelenmesine(OWASP Top 10)
g) Uluslararası ücretsiz ESAPI web uygulama güvenliği kontrol kütüphanesi incelenerek, orada belirtilen açıklıklara karşı alınması gereken güvenli kod çözümleri ile geliştirilen uygulamalar güçlendirilmelidir. bk.: http://code.google.com/p/owasp-esapi-java/.

3.3.2. Veritabanı Güvenliği

İnternet tabanlı bilgi sistemleri üzerinden online işlem kapasiteleri artmaktadır. Hizmet çeşitliliğindeki bu artış nedeniyle güçlü ve güvenli ilişkisel veri tabanlarına ihtiyaç duyulmaktadır. Veritabanı havuzları tasarlanırken işlevselliğin yanı sıra güvenlik ön planda tutulmaktadır. Siber saldırı teknikleri her geçen gün yenilenmektedir, bu nedenle veri tabanları da bu saldırılar karşısında daha korunaklı olmak zorundadır. Bir projede onlarca aktif tablo bulunur. İnsan hatası sebebiyle bazılarında güvenlik açıklığının bulunması kaçınılmazdır. Veritabanı oluşturma ve yazılım geliştirme platformu oldukça geniş bir yelpazeye sahiptir.

Yaşanabilecek güvenlik açıklığı iki şekilde olabilir;

1. Seçilen veritabanı türü ve sürümünden kaynaklı olabilir,
2. Tasarım, tanımlama veya güvensiz işletimden dolayı olabilir.

Bilgi varlıklarının depolandığı kritik öneme sahip veritabanı uygulamalarını siber tehlikelere karşı güvenli hale getirmek için şu tedbirler alınmalıdır;

a) Sunucu üzerinde işletiminde güvenlik ön planda tutularak, veri tabanı maksimum düzeyde denetim altında ve kısıtlı yetkilerle erişim sağlanmalıdır.
b) Veritabanı tasarımında tablolar bazında yetkiler atanmalıdır.
c) Her tür erişim, ekleme, silme, değiştirme olay kayıtları, kimin, ne zaman, hangi IP veya makineden ulaşarak yaptığı bilgisi zaman damgalı tutulmalıdır.
d) Kullanılmayan, unutulan ve yetki sınırlaması yapılmamış tablo, kullanıcı adı gibi varsayılan olarak tanımlı yetki atamaları olmamalıdır.
e) Veritabanı sunucuları iç ve dış ağdan arındırılmış şekilde güvenlik duvarı arkasında konumlandırılmalıdır.
f) Veritabanı yazılımı ve üzerinde çalıştığı işletim sistemi mutlaka güncel ve yama işlemleri yapılmış olmalıdır.
g) Bağlı olduğu sunucu üzerinde güçlü bir anti virüs ve güvenlik koruması aktif olmalıdır.
h) Yayımlanmış SQL açıklarına ve sıklıkla yapılan uyarılara dikkat edilmelidir.
i) Yüzde yüz güvenlik olmadığından veritabanı yedeği belli aralıklarla uzak ve yakın farklı mekânlarda tam ve anlık yedekler şeklinde tutulmalıdır.

j) Siber tehlikelere karşı güvenlik sadece güvenlik duvarı veya ağ tarafına bakan teknik personelin sorumluluğuna bırakılmamalı, veritabanı uzmanı gerekli log kayıtlarını belli aralıklarla takip ve analiz etmelidir.

3.3.3. Sunucu İşletim Sistemi Güvenliği

Bir ağ üzerinde dijital ortamda var olan bilgi varlıklarını yayımlayan ve kullanıcıların pek çok online servis hizmeti aldığı gelişmiş donanım ve yazılım uygulamalarına sahip özel tasarlanmış bilgisayarlara sunucu denir [49]. Domain, web, veritabanı, DNS, e-posta, yedek vb. bir veya birçok uygulamayı aynı anda servis eden ve çok sayıda kullanıcıya 7x24 hizmet sağlayan işletmeler için çok önemli bir bilgi işlem aracıdır. İşletim sistemi ise sunucu yönetimi ile birlikte diğer uygulama ve servislere de yön veren siber güvenliğin sağlanmasında çok büyük fonksiyona sahiptir. İşletim sistemi kaynaklı açıklık ve açıklık için tedbir alınmadığı sürece bilgi varlıkları üzerinde siber güvenlik riski oluşturur[57].

İnternet üzerinden bilgi paylaşımı denildiğinde arka tarafta çalışan sunucu, işletim sistemi ve amaca uygun bir servis yazılımı anlaşılır. Artık yaşamın bir parçası haline gelen internet, bilgi paylaşımını, veri alış verişini, sunucu ve bilgi güvenliğini dün olduğundan daha önemli hale getirmiştir. O halde bir ağda korunması gereken varlıkların başında gelen sunucu ve işletim sistemini siber tehditlere karşı daha güvenli hale getirmek için aşağıda belirtilen tedbirler alınmalıdır;

a) Hedef sunucu üzerinde çalışan yazılımları otomatik tarama yöntemi ile tespit eden araçlar vardır. Korsanların hangi işletim sistemi, sürümü, üzerinde çalışan açık portlar ve servis bilgilerini doğrudan öğrenmemesi için sunucunun cevap dönmemesi sağlanmalı ya da yanıltıcı cevaplar döndürülebilir.

b) Sunucu yönetici yetkili şifreler çok özeldir, şifre oluşturma kurallarına göre elde edilip bir yerlere yazılmamalıdır, gizli, korunaklı olmalıdır.

c) Sistemde aynı anda belli sayıda yanlış şifre denendiğinde hesabı devre dışı bırakacak şekilde tasarlanmalıdır.

d) Aktif edilen her bir sunucu servisi yetkisiz erişim ve açıklık testine tabi tutulmalıdır.

e) Paylaşılan veya servis edilen dosya, klasör ve sürücüler, yetkilendirilmiş kişiler üzerinden kısıtlı niteliklerle açılmalıdır.

f) Sistemdeki hiçbir kullanıcı, servisler üzerinde yapılabilecek tüm işlemlere yetkili olmamalıdır. Kullanıcı açma, değiştirme, silme en az iki kişinin onayına bağlı olmalıdır.

g) Kritik sistemlerde kimlik doğrulama sistemi (şifre, kart, anahtar, pirometri özellikler vb.) ve en az iki aşamalı güvenlik doğrulaması olmalıdır.

h) Sistem kullanıcılarının sunucu üzerinde yaptıkları değişiklikler kayıt altına alınarak denetleme politikaları iyi oluşturulmalıdır.

i) İşletim sistemleri ve yazılımların en son sürümü ile yamalar ve güncellemeler aksatılmamalıdır. Kurulan ek yazılımlarda korsan ve tuzak yazılımlara karşı dikkatli davranılmalıdır.

j) Gereksiz servisler durdurulup, ihtiyaç olan minimum servisler aktif edilmelidir.

k) İşletmenliğini üstlenen personele belli dönemlerde güncel saldırılar ve siber güvenlik eğitimleri sağlanmalıdır.

l) Sunucular üzerinde anti-virüs, güvenlik duvarı, güvenliği kanıtlanmış bilinen siber saldırı önlem yazılımları ile korunmalıdır.

m) Sistem ve sunucu odalarına fiziksel erişimler kısıtlı ve denetimli olmalıdır.

3.3.4. E-Posta ve Veri İletişim Güvenliği

Günlük iş ve özel yaşantımızda sıklıkla kullandığımız e-posta hedef kişiye farklı veya aynı ağa ait sunucular üzerinden ulaşabilmektedir. İletilen postalar, güvensiz sunucularda okunma ve silinme riski taşıyabilir. Sunucular, günümüzde resmi geçerliliği de olan haberleşme kanallarının dinlenmesi, taklit edilmesi, çoğaltılması gibi güvenlik açıklıklarına karşı güvenli olmak zorundadır. Çoğunlukla zararlı içerik taşıyan reklam türü spam postalar hem zaman ve kaynak israfına hem de zararlı eklentilerin taşınmasına neden olmaktadırlar[58].

From: Sistem Yöneticisi [mailto:vicerectoriaacademica@unah.edu.hn]
Sent: Tuesday, December 18, 2012 9:03 AM
Subject: Posta kutunuz

Değerli e-posta sahibi,
Bu mesaj merkezi veri tabanı ve e-posta sisteminin güncellenmesi nedeniyle e-posta sahiplerine gönderilmiştir.
Hesabınızın aktif şekilde devam etmesi için aşağıdaki istenen bilgileri acilen bize yanıtlamanız gerekmektedir.
Dönüş yapmayan kullanıcı hesabı n güvenlik nedeniyle 24 saat içinde iptal edilecektir.
* Kullanıcı Adı:
* Şifre:
* Şifreyi Onayla:
* Telefon Numaranız:

Şekil 3.13 Kullanıcılara Gelen Tuzak E-Posta Örneği

E-posta hesabı pek çok üyeliklerde doğrulama ve aktivasyon aracı olarak kullanılmaktadır. Siber âlemde hesap bilgileri ve parolalar çok kıymetlidir. Posta kutularımızda sıklıkla rastladığımız veya posta sunucular tarafından engellenen tuzak e-postalardan bir örneği Şekil 3.13'de verilmiştir.

Kurumları ve bireyleri sahte, spam, zararlı eklentiler yoluyla siber saldırılara neden olabilecek bilgi hırsızlığına karşı korumak için, aşağıda belirtilen güvenlik önlemlerinin alınması gerekmektedir;

a) Yukarıdaki örneğe benzer türden hesap ayrıntılarını isteyen e-postalarda, kişisel ve gizli kalması gereken bilgiler asla verilmemelidir.
b) Ağa bağlı son kullanıcıların e-postalarını takip ettiği bilgisayarda mutlaka güncel bir anti virüs olmalıdır.
c) Bilgisayarın güvenlik duvarı uyarı konumunda etkin şekilde olmalıdır.
d) İşletim sistemi yamaları yapılmış ve güncellenmiş olmalıdır.
e) Son kullanıcıların spam, phishing, malware, worm türü zararlılar konusunda bilinçli olması için uyarı ve eğitimler düzenlenmelidir.
f) Yazılım yüklenmesini gerektiren e-postalara karşı tedbirli ve bağlantılı ek kurulumlar iptal edilmelidir.
g) İlginç ve beklenmedik e-postaların kendisi, eklentisi ve bağlantıları açılmamalıdır.
h) E-posta isimleri veya listesi web sayfalarında açık ve doğrudan kullanılabilir şekilde yayınlanmamalı, en azından aradaki @ işareti resim veya at şeklinde değiştirilmeli.
i) Posta sunucularında gelen giden veri trafiği ve posta kutuları üzerinde mutlaka anti-spam, anti-virüs, anti-worm, anti-phishing gibi yazılımlarla zararlılar ayıklanmalıdır.
j) Posta sunucusu deneyimli personel tarafından 3.3.3 konu başlığı altında incelenen sunucu işletim sistemi güvenliği eksiksiz sağlanmalıdır.
k) Kullanıcılara ait posta kutuları, belli periyotlarda, kriptolu ve şifre korumalı şekilde yedeklenmelidir.
l) Posta sunucusu SSL sertifikasına sahip olmalı, kullanıcılar web mail hizmetini https:// ile başlayan adres satırı kullanılarak veri trafiği kriptolu şeklide gerçekleşmelidir.

m) Posta sunucusu üzerinde aşırı posta trafiklerine karşı uyarı ve koruma sistemi olmalıdır.

n) İleti trafiği ve oturum açma bilgileri gerçek zamanlı kaydedilerek analizi yapılmalıdır.

3.3.5. Bulut ve Sanal Mimari Güvenliği

Sunuculardan beklenen iş türü ve çeşitlilik artarak devam etmektedir. Bu talebin karşılanması şüphesiz güçlü ve esnek donanım varlıkları ile mümkündür. Yazılım uygulamalarının zamanla birbirleri ile entegre olacak şekilde bütünlük sağlamaları nedeniyle, bu projelerin sunucuları arasında yer değişimlerine ve ek bellek ve disk gibi kapasite artırımlarına ihtiyaç doğmaktadır. Bu tür sorunlara daha ekonomik ve esnek bir çözüm için sanallaştırma veya bulut mimarisi hızla yaygınlaşmaktadır. Bulutta, istek gönderilen bir veri sorgusunda yanıtı bir ya da birkaç sunucu verebilir. Aynı anda birden fazla cihaz veya sanal sunucudan dağıtık şekilde verilere ulaşılabilir. Sanal ve bulut sunucu mimarileri, daha önceki yerleşik düzen sunucu güvenliği yaklaşımını biraz daha farklılaştırmıştır.

Bu yeni güvenlik yaklaşımı giderek veri merkezli, akıllı ve sağlam koruma temeline dayanmaktadır. Şirketlerin ve kurumların geçiş sürecinde olduğu bulut ve sanal sunucu mimarileri, siber korsanların dikkatini bu yöne çekmiştir. Daha önce işlenen sunucu işletim sistemi güvenliğine ek olarak aşağıda belirtilen siber tedbirlerin de alınması gereklidir;

a) Bulut içerisinde şüpheli görülen her durum kritik öneme sahiptir. Temelinde sanal işletim sistemi platformuna sahip mimaride farklı sunucular arası risk yayılabilir.

b) Zafiyetin bulunduğu kaynak üzerine yapılan başarılı saldırı sonucu bağlı olduğu sistemler doğrudan etkilenir. Olası zafiyet hemen giderilmelidir.
c) Veri üzerinde entegre güvenlik sağlayan güçlü koruma uygulanmalıdır.
d) Farklı işletim sistemlerini tarayabilen güvenlik yazılımları olmalıdır.
e) Oluşturulan güvenliğin sonuçlarının izlenip müdahale edildiği bir yapı olmalıdır.
f) Gerçek zamanlı tehdit koruma için online güncellenebilen güvenlik yazılımları tercih edilmelidir.
g) Hangi verilere, kim, nasıl, ne zaman, nereden ulaşıp işlem yapıyor bilgisi tutulmalıdır. Bu bilgilerin kontrolü ve denetimi ile yaşanabilecek bir saldırıya karşı kısa zamanda etkili önlem alınması sağlanır.
h) Mobil uygulama veya bilgisayar üzerinden sunucuya kadar, internet üzerinde, sanal ya da bulut ortamlarında, güvenlik politikası üzerinden verilerin güvende oldukları denetlenerek, her tür açıklık anlık olarak giderilmelidir.
i) Hedefe yönelik saldırılar için bulut ve sanal mimariler üzerinde kurgulanan geçmiş veya anlık ortaya çıkan açıklıkların takibi için ilke tabanlı koruma döngüsü oluşturulmalıdır.

3.3.6. SSL İmzalı Kriptolu Erişim

Güvenli Sunucu Sertifikası (SSL - Secure Sockets Layer) ağ üzerindeki veri iletişiminde siber güvenliğin sağlanması amacıyla kullanılmaktadır. Son dönemlerde gelişmiş algılama ve yakalama teknikleri kullanılarak ağ trafiği üzerindeki değerli verilerin bilgisayar korsanları tarafından ele geçirildiğine şahit oluyoruz. Tedbir amaçlı pek çok güvenlik önlemi kullanılmaktadır. Özellikle herkese açık bir ağ olan internet bulutu içerisinde verilerin hedefe tam güvenlikli şekilde iletildiği garanti edilemez. Bankacılık ve e-ticaret gibi kurumsal ağlarda çok önemli kritik nitelikteki bilgiler taşınmaktadır. Hedefe yönelik gerçekleşebilecek saldırılar ve ele geçirebilen verilerin maddi ve manevi değeri ölçülemez. O nedenle şirketlerin farklı bölgelerdeki ofisleri ile olan bağlantısında veya hizmet veren bir sektörde paydaş, üye ve müşteri ile olan karşılıklı veri alışverişlerinde mutlaka arada SSL, VPN türü güvenli tüneller üzerinden yapılmalıdır.

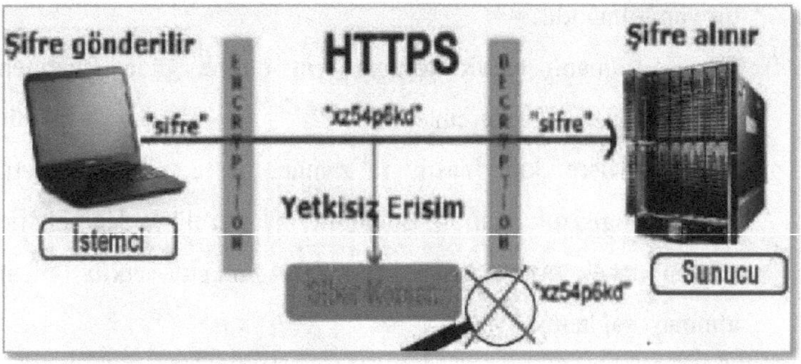

Şekil 3.14 SSL Korumalı Erişim Yapısı

Şekil 3.14'de görüleceği üzere siber korsanlar tarafından bir veri yakalanması durumunda bu veri deşifre edilmez. İstemci ilk önce sunucunun gönderdiği SSL sertifikasını doğrular. Geçerlilik durumunu ve başka bir sunucuya yönlendirilmediğini teyit eder.

Daha sonra her ikisinin de bildiği bir şifreleme anahtarı üzerinde anlaşarak aradaki iletişim trafiği üçüncü kişilerin çözemeyeceği karmaşık yapıda şifrelenmiş olur[59].

Ziyaret edilen web sitelerinin sertifika ve güvenlik geçerlik durumunu, tarayıcı adres çubuğundaki renk değişimlerine bakılarak karar verilebilir. Bu renklere karşılık gelen anlam açıklaması Tablo 3.2'de belirtilmiştir[49].

Tablo 3.2 Tarayıcı Durum Çubuğu Renk Anlamları

Renk	Anlamı
Kırmızı	Sertifikanın süresi bitmiş, geçersiz veya bir hata var.
Sarı	Sertifika yetkilisinin özgünlüğü doğrulanamıyor, sorunlu olabilir.
Beyaz	Sertifika normal doğrulama kullanıyor. Tarayıcı ile web sitesi arasındaki iletişim şifreleniyor. Ancak sertifika yetkilisi onayı yok.
Yeşil	Sertifika ileri düzey şifreleme ve doğrulama kullanıyor. Sertifika yetkilisi yasal bir kuruluşa ait olarak işletildiğini onaylıyor.

İlgili şahıs veya kurum geliştirdiği bir uygulamayı veya verilecek bir sunucu servisini SSL erişimli hale getirmek için, web tarayıcılarının sertifika otoritesi olarak tanıdığı sertifika sağlayıcısından temin edilebilir. Örneğin VeriSign, GlobalSign gibi bilinen uluslararası SSL sertifika sağlayıcıları.

Siber güvenliğin oluşturulmasında SSL Sertifikasının ve VPN erişim araçlarının doğru yapılandırılması ve katkısı şu şekildedir;

a) Eğer bir web sayfasından kişisel veya kurumsal gizlilik içeren bir takım verilerin girilmesi isteniyorsa, yayınlanan sunucuda geçerli bir SSL sertifikasının olmasına dikkat edilmelidir.
b) Son kullanıcılar kullandıkları tarayıcılarında(Microsoft (Internet Explorer), Mozilla(Firefox), Opera ve Safari gibi) kredi kartı, kimlik bilgisi üyelik gibi hassas veri girişleri yapılırken sayfanın https:// veya kilit simgesinin olması önemsenmelidir.
c) İşlem yapılan sayfanın gerçek kişi ve kurum olduğu ve karşıya verinin değişmeden, okunmadan, doğru şekilde iletildiği güveni oluşur.

d) Phishing türü sahte içerikli web adres yönlendirilmesini olmadığı anlaşılmış olur.

e) İstemci ve sunucu arasındaki iletişim, korsanlık yapabilecek üçüncü kişilere karşı korunmuş olur.

f) HTTPS bağlantısında bellekleme(cache) yapılmadığından tarayıcı üzerinde kalan kullanıcı, parola işlemlerine karşı daha güvenlidir.

g) Şirketler arasındaki data bağlantıları SSL veya VPN ile kriptolu hale getirilmelidir.

h) Son kullanıcı ile portal servisini sağlayan kurum arasında yaşanabilecek olumsuzluk durumunda hatalı verinin kendisine ait olmadığını iddia edemez.

3.4. Siber Güvenlik Yönetimi

Şekil 3.15 Siber Güvenlik Yönetimi Alt Parametreleri

Çok katmanlı siber güvenlik mimarisinin en üst katmanı olan siber güvenlik yönetimi şekil 3.15'deki gibi oluşturulmuştur. Bu katman önceki katmanlarda oluşturulan fiziksel ve yazılımsal güvenlik önlemlerinin testi, yönetimi ve denetimi üzerine gerçekleşmektedir. 2000'li yılların başına kadar güvenlik daha çok ağ düzeyinde ele alınmaktaydı[69]. Özellikle web uygulamaları ve mobil servisler üzerinden gerçekleşen günümüz siber saldırıları gösteriyor ki, siber güvenlik entegre yapıda olmalıdır. Güvenlik duvarı, IDS, IPS gibi bilinen önlemlerin yanı sıra güçlü bir politika, açıklık, risk ve güncel tehditlerin yönetilmesi ile mümkündür. Günümüzde bu yönetimlerin ne şekilde olacağına ve kapsamına, ISO 27001/27005 uluslararası bilgi güvenlik ve risk yönetimi ile ilgili standartlar kılavuzluk etmektedir. Yapılan güvenlik süreçleri, iç güvenlik uzmanları ve dış bağımsız denetçiler tarafından denetim ve saldırı simülasyonu içeren sızma testine tabi tutulmalıdır. Kurumlar ve işletmeler üzerinde tespit edilen tehdit unsurları ve raporlanan güvenlik açıklıklarının düzenli olarak giderilmesi ve gelecekte ortaya çıkabilecek siber saldırılara karşı hazırlıklı olmak amacıyla tehdit parametrelerinin yönetimi sağlanmalıdır.

3.4.1. Siber Hazırlık

Siber savaş, siber terör, siber saldırı, siber güvenlik kavramları çok kullanılmaya başlandı. ABD, Rusya, Hindistan, İran gibi ülkeler başta olmak üzere siber ordularını kurmaktadırlar. Yaşanan bazı siber saldırı olayları ister istemez ülkeleri, kurumları, kişileri tedbir almak zorunda bırakmıştır. Bu gerçekliklerden yola çıkarak dünyada ve Türkiye'de yapılan siber tatbikatlar Tablo 3,3'de ki gibi gerçekleştirilmiştir.

Tablo 3.3 Siber Hazırlık Amaçlı Yapılan Güvenlik Testleri

Dünya		**Türkiye**	
2002 -2003	Dark Screen	2008	TR-BOME(Türkiye Bilgisayar Olayları Müdahale Ekibi)
2006,08–2010	Cyber Stor I–II -III	2011	TUBITAK
2006-…-2011	APCERT Drill	2012	TUBITAK
2008,09 –2010	NATO Cyber Defense Exercise	2013	USGT 2013 UDH Bakanlığı

Avrupa Birliği Komisyonu 2012 yılında aldığı karar ile enerji, ulaşım, bankacılık ve finans sektöründeki şirketlerin zorunlu olarak siber güvenlik tedbirleri almaları gerektiği belirtilmiştir. Bu konuda Avrupa Birliği Başkan Yardımcısı Neelie Kroes'in koordinasyonunda hazırlanan yeni taslağa göre siber saldırılara karşı yeteri kadar tedbir almaktan kaçınan şirketlere bir takım zorunluluklar getirilmektedir[60]. Finans, Telekom ve internet şirketleri güven ve itibar kaybetmemek için sızma testlerini uygulamaktadırlar. Avrupa Birliği 2013 yılı itibariyle Avrupa Siber Suçlar Merkezi adı altında bir örgütlenmeye gitmiştir. AB politikaları ve ülkemizde son yıllarda Ulaştırma Denizcilik ve

Haberleşme Bakanlığının koordinatörlüğünde yürütülen siber güvenlik tatbikatları gösteriyor ki geleceğe hazırlıklı olmak en hassas bir konu haline gelmiştir.

NATO Cyber Defense Exercise, EU CERT, TUBITAK(BILGEM) gibi güvenlik test merkezlerinin amaçları incelendiğinde ulusal, kurumsal, bireysel çapta siber güvenlik testlerinin önemi vurgulanmaktadır. Aşağıda bu birimler güvenlik alanında sağlayacağı bazı önemli katkılar sıralanmıştır[60,66];

a) Her zamankinden daha fazla tehditkâr hale gelen siber saldırıların önceden görülebilmesini sağlar,
b) Ulusal ve kurumsal güçlerin sınanabileceği alan ve tehdit haline gelen bu alanda savunma yeteneklerin gelişmesini sağlar,
c) Kamu ve özel kurumların siber saldırılarla karşılaştıklarında acil müdahale edebilmeyi ve en kısa zamanda sistemi yeniden geri döndürme becerisi sağlar,
d) İlişkide olunan diğer kurumsal ve ticari kuruluşlarla yapılan iş süreçlerinde sistemin internet üzerindeki zayıf halka olmamayı sağlar,
e) Yazılım, donanım, personel üzerinde güvenlik açıklıkları görülür,
f) Saldırılara karşı kurum içi politikaları ve karar destek mekanizmalarının yeterliliği görülmüş olur,
g) Gerçeğe yakın senaryolar hazırlanarak oluşturulacak testler güncel saldırıları yakından izlemesini ve etkili koordinasyon oluşturmayı sağlar,
h) Yönetim kademeleri ve teknik personel siber saldırı gerçeğini ve alınacak tedbirler üzerinde canlı uygulamalarla eğitilmiş olur.

3.4.2. Siber Farkındalık Eğitimi

Bir işletmede siber güvenlik yol haritası oluşturulurken ilk olarak bireylerde güvenlik bilinci oluşturulmalıdır. Güvenliğin en zayıf noktası kişisel tedbirsizliklerdir. Maalesef alınan en teknik ve donanımlı güvenlik yatırımlarını dahi yerine göre boşa çıkarabilmektedir. Saldırılar daha çok web üzerinde yoğunlaştığı için uygulama katmanında oluşacak bir açıklık veya tedbirsiz verilen bir kullanıcı onayı güvenlikte bütünlüğü tehlikeli boyutta taşıyabilmektedir. O halde siber güvenlik konusunda kurumsal ve özel sektörlerde işe bireysel farkındalığın oluşturulması için eğitimle başlanmalıdır. Etkili bir siber farkındalık eğitimi şu şekilde gerçekleşmelidir.

a) Organize ve güçlü siber saldırılara karşı kurum çalışanları belli periyotlarda güncel eğitimler düzenlenmelidir.
b) Teknik taraftaki bilgi işlem personeline açıklık araştırma, tespit, analiz ve önlemlerin doğru şekilde kurgulanması için sertifikalı siber güvenlik eğitimleri aldırılmalıdır.
c) Güvenliğin sistemsel bir bütün olduğundan hareketle, fiziksel tedbirlerin yanı sıra çalışanlar üzerinde de güvenli kullanım farkındalığı oluşturulmalıdır.
d) Üst yönetimin kararlı tutumu ve siber yaklaşım farkındalığı belirleyicidir.
e) Paydaşlar ve hizmet alan kişiler çeşitli medya ve duyuru araçları kullanılarak güncel tehditler ve alınması gereken tedbirler konusunda yönlendirilmelidir.
f) Alınan tedbirler günübirlik, erteleme veya geçici şekilde olmamalı, uzun vadede ek uygulamalara açık esnek ve modüler şekilde planlanmalıdır.
g) Kurumda bilgi güvenliğinin itibar için ne kadar değerli olduğu farkındalığı verilmelidir.

h) Güvenliği sadece sistemcilerden ve güvenlik duvarlarından beklememe farkındalığı oluşturulmalıdır.
i) Son yıllarda hızla artan sosyal medya iletişim araçlarının kullanımındaki(Facebook, Twitter, e-posta ..) araçlarının güvenli kullanım farkındalığı oluşturulmalıdır.

3.4.3. Bilgi Güvenliği Politikası

Bilgi ve ağ güvenliği politikası ilgili kurum ve kuruluş bünyesinde var olan bilişim kaynaklarının güvenli kullanımına yönelik tüm personel ve paydaşların uyması gereken kural ve politikaların yönetilmesidir. Bilgi varlıkları aracılığıyla internet üzerinden suç oluşturabilecek nitelikteki siber suçların cezai ve hukuki sorumluluğunun kimlere ait ve neler olduğu bu politika içinde belirtilir. Kurumlarda bilgisayar ve ağ sistemlerine ait büyüme ve çeşitlilik dolayısıyla artan siber tehditlere karşı sıkı güvenlik politikaları ile desteklenmelidir. Üst yöneticilerin nezaretinde, güvenlik uzmanları, hukukçular, bilgi işlem çalışanları, hizmet veren ve alan tüm paydaşlar bu politikaya dâhil edilmelidir. Güvenliğin etkin olarak sağlanmasında yöneticilerin, bölümlerin, çalışan kişilerin, üyelerin bu politikada ki rolleri, görev ve yerine getirmeleri gereken sorumlulukları açıkça belirtilir. Bazı başlıklar altında bilgi güvenliği politikaları için örneklemeler yapılabilir, bk. MEB Bilgi ve Sistem Güvenliği Politikaları.

3.4.3.1. Genel Politika Kuralları

a) Kullanıcılar bilişim kaynakları üzerinde yavaşlatma ve aksatma yapamaz.
b) Ağda başkasının şifreli bilgisayarına veya klasörüne izinsiz erişemez.
c) Kurum kaynaklarında tutulan gizlilik içeren bilgiler başkası ile paylaşılamaz.

d) Bilgi güvenliğini aksatacak yazılım ve uygulamalar karşısında hemen üst yönetime bilgi verilir.
e) Cihaz üzerinde yapılan ek yükleme ve kurulumlar kayıt altına alınır.
f) Bilgi ve varlık sahipleri, sahip oldukları bilgiden nihai olarak sorumludurlar.
g) Kullanıcılar kurum bilgilerinin saklandığı ve üretildiği ortamlara yetkisiz kişilerin girmesi ve yetkisiz kişilerin bilgilere erişmesinin engellenmesine katkı sağlamalıdır.
h) Kurum siber tehditlere karşı korunması amacıyla güvenlik duvarı, IDS, virüs koruma, güncel işletim sistemleri ve diğer yazılım araçları korunur.
i) Bilgi güvenliği politikaları periyodik olarak değerlendirilir ve mevcut riskler tespit edilerek giderilir.

3.4.3.2. Şifre Politikası

a) Ağda yetkilendirilmiş bir personelin kullanıcı adı, şifresi paylaşılamaz,
b) Kullanıcı hesabının amaç dışı kullanımdan doğabilecek zarardan sorumludur,
c) Belli sürelerde şifre oluşturma kurallarına göre şifre değişmesi gerekliliğidir,
d) Bilgisayardan uzaklaşması halinde oturumu kapatma alışkanlığıdır,
e) Kullanıcı adı ve şifreler üzerinden program yetkilendirme sahipliğidir,
f) Gizli belgelerin harici kayıt ortamlarında mutlaka şifreli şekilde tutulması gerekliliği ve şifrelerin yazılı olarak tutulmamasının önemli olduğu.

3.4.3.3. E-Posta Politikası

a) Kurum e-postaları uygunsuz ve amaç dışı üyeliklerde kullanılamaz,
b) Kurum saygınlığını zedeleyecek, taciz niteliğinde postalar için kullanamaz,
c) Spam türü zincir e-postalar oluşturup, sahte ve zararlı eklentiler gönderemez,
d) Kaynağından emin olunmayan e-postalar cevaplanmaz, başkasına gönderilmez,
e) Kurumla ve işle bağdaşmayan uygunsuz iletiler kalıcı olarak silinir,
f) Kullanıcı kendi e-postasından ve doğabilecek hukuki suçlardan sorumludur.

3.4.3.4. Ağ ve İnternet Kullanım Politikası

a) Kullanıcılar kurum internetini bilinçli kullanmalı, amaç dışı ve sistemlerin çalışmasını engelleyecek şekilde kullanmamalı,
b) Kuruma ait bilgisayar, MAC ve IP adresi kullanılarak oluşturulan trafikten, o zaman dilimindeki kullanıcı olan kişi sorumludur,
c) Kuruma ait sunucu sistemlerine karşı siber tehdit oluşturmamalıdır,
d) Kurum ağından telif hakları ihlal edici yasal olmayan materyal edinmemek,
e) Gerçek dışı endişe veren, yanıltıcı web yayınları ve iletimde bulunmamak,
f) Kullandığı cihazı ve ağı sıkıntıya sokacak zararlı yazılımlar kurmak, virüslü ve şüpheli sayfalarda dolaşmamak,
g) Bilgisayar ve ağ kaynaklarını yetkisiz ve izinsiz kullanmamak.

3.4.4. Güvenlik Uyum Denetimi

İnternet alanında büyük değişimlerin yaşandığı ülkemizde, kişisel ve kurumsal verilerin güvenli bir şekilde iletimi ve muhafaza edilmesi çok önem arz etmektedir. Mahremiyet ve gizliliğin sağlanması dünyada tartışılmakta ve bu konuda bazı açıklamalar "2.5.İlgili Bilgi ve Ağ Güvenliği Standartları" başlığı altında vurgulanmıştır. ISO27001, PCI DSS, COBIT, ISO 22301, FISMA, ITIL gibi özellikle kritik altyapılara sahip finansal, bankacılık, telekomünikasyon, kolluk kuvvetler, ulaşım, sağlık gibi kuruluşların birçoğunda belirtilen standartlara uyumluluk bir zorunluluk haline gelmektedir. Bu standartlar incelendiğinde kuruluşların bilgi güvenliğini olgunluk seviyesine yükseltmelerine katkı sağlamaktadır. İşletmeler açısından uyum denetimlerinin siber güvenlik alanına başlıca şu katkılar sağlamaktadır:

a) Güvenlik açıklıklarını tanımlayan ve düzeltmesi için sonuçları ile yol gösterir,
b) Ulusal ve uluslararası yasal zorunluluklara ve mevzuata uyumluluk,
c) Servislerin sürekliliğine,
d) Kalite ve sertifikasyonların edinilmesine,
e) Düzenli olarak güvenlik süreçlerinin oluşturulup tamamlanmasına,
f) Organizasyon el yapı, sorumlu personel ve sahip olunan varlıkların net olarak, siber güvenlik açısından izlenebilmesi,
g) Olağanüstü siber saldırılara karşı acil müdahale planın hazır olmasına,
h) Üst yönetim için gerçek zamanlı varlık ve bölümlerin güvenlik risk durumunun tespiti ve alınan önlemlerin etkinliğinin takibine,
i) İlişkide olduğu diğer işletme ve müşterilere güven sağlar.

3.4.5. Siber Güvenlik Testi

Kurumlardaki bilgi varlıkları üzerinde zararlı yazılımlar veya uygulamalardaki eksik ve hatalardan doğan açıklıklar dolayısıyla siber tehditlerdeki sayı katlanarak artmaktadır. Bu açıkları araştırıp kullanan kötü niyetli kişilerin kazanç sağlamasına kişilerin ve kurumların zarar görmesinin engellenmesi kaçınılmaz olmuştur. Olabilecek saldırıları önceden görmek ve açıklıkları kapatmak için gerekli tedbirlerin alınması güvenlik testleri ile mümkündür. PCI DSS, ISO/IEC 27001, SoX/COBIT gibi pek çok standart, güvenlik sertifikası ve/veya bunların denetimlerinde sızma testleri zorunlu tutulmuştur[61]. Bölüm 4'de "Sızma Testi" başlığı altında nasıl ve ne şekilde yapılacağı ayrıntılı şekilde anlatılmıştır. Sızma testlerinin işletmeler için sağlayacağı siber güvenlik alanındaki katkılarını şu şekilde özetleyebiliriz.

a) İnternet üzerinden gelebilecek dış kaynaklı yeni nesil tehditlerin ağ ve sistem üzerindeki etki analizini yapabilmeyi,
b) Ayrılan veya devam eden çalışanların iyi bilinçli veya tedbirsiz oluşturabilecekleri tehditleri görebilmeyi,
c) İş ortakları ile olan ağ bağlantıları ve üzerinden yapılan veri paylaşımlarından kaynaklanabilecek riskler ve güvensiz uygulamaları tespit edebilmeyi,
d) Olası güvenlik zaaflarına dayalı risk gerçekleşmeden önce tespit edip, önlem almayı,
e) İlgili kurum personelin ve teknik kişilerin siber saldırılara karşı güvenlik becerilerini üst düzeyde tutabilmeyi, proaktif güvenlik sağlamayı,
f) Bilgi sistemleri üzerine yapılan yatırımları korumak, olabilecek siber tehlike ve kayıpları en aza indirebilmeyi,
g) Güvenlik önlemlerinin yeterliliğini ölçmek, saldırı olduğunda sistemi geri döndürme becerisini görebilmeyi sağlamaktır.

3.4.6. Siber Tehdit Yönetimi

Bilgi varlıkları ve iletişim teknolojileri üzerindeki günümüz siber tehditlerin risk dağılımlarını görmek, etki faktörlerini görmek ve güvence altına almak için tehditleri izlemek ve yönetmek gereklidir. Her kurumun kendi varlıkları ve iş koluna ait muhtelif risk güvenlik değerlerine sahiptir. Bunların kurum içindeki önemini ve risk değerini bilginin sahip olduğu birey belirlemelidir. Öncesinde kritik bilgi üreten ve işleyen personele bilgi güvenliği farkındalık eğitimi ile siber tehditler konusunda bilinçlendirilmelidir. Her gün çok sayıda zararlı virüs, worm, trojan ile belli açıklıklar üzerinde çalışan exploit'ler etrafımızı sarmış durumdalar. Varlıklar üzerinde açıklıkların kapatılması, sürüm güncelleme, kayıt denetimleri yapma, düzenli güvenlik testleri yaparak sonuçlarını işleme ve güvenlik sistemini kontrol altında tutmak gereklidir. Şekil 3.16'da bilgi varlıkları üzerinde oluşan siber tehditler ve olası karşılaşılacak sonuçlar belirtilmeye çalışılmıştır[62].

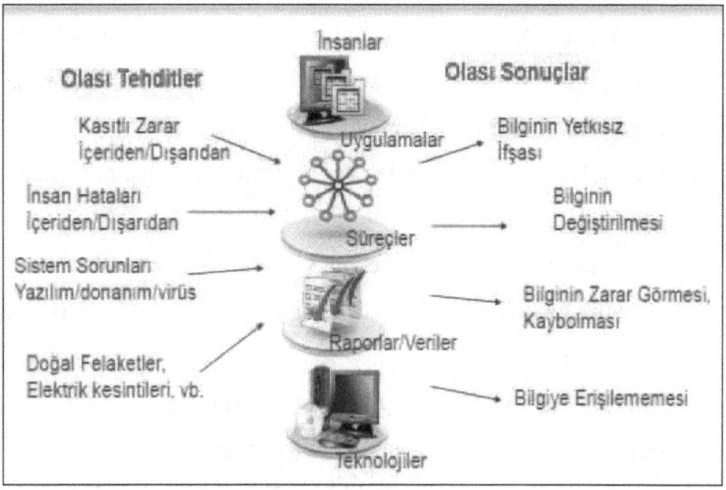

Şekil 3.16 Bilgi Varlıkları Üzerindeki Tehdit-Sonuç İlişkisi

Bilginin gizlilik, bütünlük ve kullanılabilirlik özelliklerinin korunması bilgi güvenliğinin bir gereğidir. O halde sistemdeki bilgi varlıklarının neler olduğu, kritiklik seviyeleri, siber saldırıya maruz kalma oranı, alınacak tedbirler ve yapılacak iyileştirmeler, sonuçların raporlanması için bir yönetim takip yazılımına ihtiyaç vardır.

Bu çalışmanın nihai hedefleri arasında bulunan bu yazılım geliştirme uygulaması 5.Bölümde "Siber Önlem Sistemi(SOS)" olarak yapılan çalışma detaylandırılmıştır.

Siber tehdit yönetimi bilgi sistem güvenirliliğinin artırmanın yanı sıra siber tehditlerin önlenmesinde aşağıda belirtilen katkıları sağlar;

a) Bilgi varlıklarındaki açıkların artışları, azalışlarını ve gerçek güvenlik seviyelerini izleyebilme,
b) Tehdit ve güncellemelerle ilgili personeli otomatik bilgilendirme,
c) Gerçek zamanlı risk durum değerlendirilmesinin daha doğru yapılabilmesine,
d) İlgili sorumluların atanması ve merkezi takip olanağı,
e) Düzenli varlık, tehdit, açıklık kayıt yönetim altyapısı
f) Teknik açıklıkları varlıklarla ilişkilendirerek risk analizini somutlaştırma ve kolaylaştırma,
g) Risk durum analizinin geçmişini tutma, farklı zamanlar ve birimler arasında açıklıklar ve tedbirlerin karşılaştırılmasını yapabilme,
h) Detaylı teknik personel, bilgi işlem yöneticisi ve üst yönetim raporları,
i) Servisler üzerindeki tarama tarihleri, kritiklik seviyelerine göre açık adetlerinin İzlenilebilirliği iş sürekliliği veya acil durum planlarının oluşturulmasına,

j) Güvenlik açıklarının ilgili kişi ya da kurumlara doğrudan atanarak, kapatılma süreçlerini hızlı bir şekilde başlatılması,

k) Yapılan çalışmaların ve görevlerin izlenmesi ve raporlanması,

l) Zaman ve maliyet tasarruflu tedbir yatırımlarının yapılmasına olanak sağlar.

BÖLÜM 4

4. SİBER GÜVENLİK ZAFİYET TESPİTİ

Hedef sisteme özgü siber saldırılara karşı alınacak önlemin boyutu ve ne durumda olunduğuna dair zafiyet analizi "Sızma(Penetrasyon) Testi" denilen yöntemle gerçekleştirilir. Sistem üzerinde bilgi varlıklarının nasıl ve ne şekilde tutulduğu, kritiklik düzeyi gibi etkenler testin sınırlılıklarını ve kapsamını belirleyecektir. Bir saldırgan benzeri yaklaşımla ve uygun güncel senaryolar oluşturularak bilgi varlıkları ele geçirilmeye çalışılır. Bu test çalışmasında mümkün olduğunca sisteme zarar vermeden, gerekli önlemlerin önceden planlanarak, gerekli teknik personelin hazır bulunduğu bir ortamda gerçekleştirilir. Bu işlemler uluslararası güvenlik politikalarına ve kılavuzlarına dayalı olarak yapılmalıdır.

Zafiyet tespitinin siber güvenliğe olan katkısı şu şekildedir;

a) Bilgi sistemleri üzerindeki yanlış yapılanmaları bulur,
b) İnternet teknolojileri ile birlikte gelen riskleri analiz eder,
c) İnsanların teknoloji güvenli kullanımını güçlendirir,
d) Bilgi güvenliği sertifikaları(IEC / ISO 27001:2005, SOX404, COBIT, SAS70 ve COSO) ve uygunluk politikalarının gereksinimlerini test eder,
e) Sistemin siber güvenlik durumu hakkında rapor oluşturur.

Kitabın bu bölümünde işletmeler için giderek daha da önemli hale gelen sızma test işleminin oluşturulan metodoloji ile baştan sona nasıl yapılacağı örneklerle anlatılmıştır. Dünyada yapılan çalışmalar incelenmiş ve bu konuda kılavuz belgelere yer verilmiştir. Test yazılımları, yöntemleri, kurumsal yapı üzerindeki hazırlık, açıklık, gerçekleme ve raporlama aşamaları sıralanmıştır.

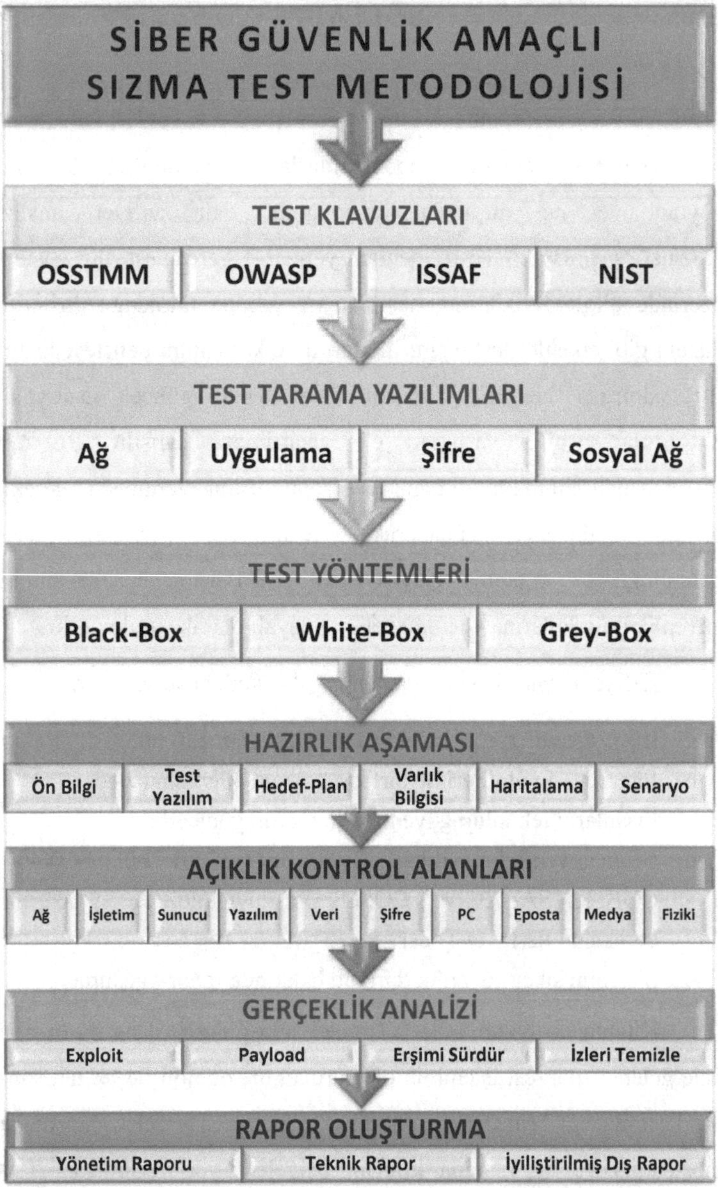

Şekil 4.1 Önerilen Sızma Test Metodolojisi

Şekil 4.1'de ki siber test metodolojisi oluşturulmuştur. Bu test yapısı işletmelerin geneline uygulanabilecek ve bütün bir süreci yansıtan kapsamlı bir mimari olarak tasarlanmıştır. Test işleminin uygulama bölümleri "**hazırlık aşaması** "ile devam etmektedir. Bu kısımda siber tehdit oluşturabilecek bilişim altyapısına yönelik bütün bilgi kaynakları hakkında önceden istihbarat toplanır. Çünkü bu bilgiler bir saldırgan için yol gösterici, rehber niteliğindedir. Daha sonra hedef sistemdeki elde edilen sunucu, ağ, servis, yazılım, donanım gibi varlıklar üzerinde manuel veya uygun "test yazılım araçları" kullanılarak **"açıklık tarama testleri** "gerçekleştirilir. Test verilerinde yanlış güvenlik uyarısı(false positives) veren açıklıkları doğrulamak için **"gerçekleme testi"** yapılır. Varlıklar üzerindeki açıklık durum dağılımları ve alınması gereken önlemler **"test raporunda"** ayrıntılı olarak 3 farklı formatta oluşturularak test işlemi tamamlanır.

4.1. Sızma Test Kılavuzları

4.1.1. OSSTMM

OSSTMM (The Open Source Security Testing Methodology Manual) kılavuzu uluslararası kabul görmüş açık kaynaklı güvenlik test metodoloji kılavuzudur. Ücretsiz olarak erişilebilecek kılavuz *bk.: http://www.isecom.org/osstmm/* adresinde yayınlanmaktadır. Bu test kılavuzunda genel olarak erişim denetimi güvenliği, işlem güvenliği, veri kontrolleri, fiziksel ve çevresel güvenlik, güvenlik bilincinin oluşturulması, güven düzeyi, sahtekârlıklardan koruma ve kontrol ile diğer birçok varlıklar üzerinde sınıflama ve kimlik yönetimi gibi güvenlik çerçevelerini belirler.

4.1.2. OWASP

OWASP(Open Web Application Security Project) web uygulama açıklıklarının neler olabileceği, nasıl tedbirler alınıp iyileştirme yapma konusunda rehberlik sağlayan sızma test kılavuzdur. Özellikle J2EE, ASP.NET ve PHP ile geliştirilen kodlarda oluşabilecek açıklıklar üzerinde örnekler içerir. Dolandırıcılık, kredi kartı kullanımı, oturum sabitleme, siteler arası sahte erişim isteği, uyumluluk, gizlilik ihlali, yeni nesil tehditler ve SQL enjeksiyon saldırılarına karşı koruma yöntemlerini açıklar. Gönüllük üzerine kurulmuş OWASP topluluğunun koordine ettiği, çeşitli eğitim kuruluşlarının desteklediği ticari olmayan açık kaynaklı bir güvenlik projesidir [31]

4.1.3. ISSAF

Bilgi güvenliği değerlendirme çerçevesi-ISSAF(Information Systems Security Assessment Framework); bilgi güvenliği yönetim araçlarını siber güvenlik kontrol listeleri ile entegre etmeye çalışır. Bu konuda gereksinimler, güvenlik çerçeve modelleri, yönetim politikalarına uygunluk ile teknik işlemleri tarif eden kapsamlı bir kılavuzdur.

Dünya çapında bankacılık, eğitim, sağlık üretim ve diğer hizmet sektörlerine yönelik BT operasyonel süreçlerinin yüksek düzeyde siber güvenlik sağlanması için uygulanabilir akredite örnek taslaklar oluşturulmuştur. Penetrasyon testlerine de yol gösteren bu kılavuz, risklere neden olacak açıklıklar üzerinde denetim kontrol listeleri sunar. İlgili teknik kılavuz dokümanlar ücretsiz olarak http://www.oissg.org/issaf sitesinden temin edilebilmektedir.

4.1.4. NIST

National Institute of Standarts and Technology(NIST) Ulusal Standartlar ve Teknoloji Enstitüsü tarafından bilgi kaynakları üzerinde oluşabilecek tehditler ve güvenlik kontrollerine ilişkin yaklaşımları kapsayan yardımcı kaynak kılavuzdur. Bilgi güvenliğine ilişkin her konuda geniş bir bakış açısı ile anlatımların sağlandığı NIST-800 serisi olarak yayınlanan el kitaplarından oluşmaktadır. Bu belgeler siber ve bilgisayar güvenliğine yönelik alınacak tedbirler ve yapılacak test için tavsiye ve rehberlik amaçlı oluşturulmuştur.

http://csrc.nist.gov/publications/PubsSPs.html sitesinden açık kaynaklı olarak yayınlanan tüm kılavuz kaynak dokümanlara ulaşılabilmektedir.

4.2. Test Tarama Yazılımları

Siber saldırıların oluş biçimleri araştırıldığında, saldırganların çoğunlukla bilgisayar ve ağ teknolojilerinde ortaya çıkan açıklıkları kullanmaktadırlar. Daha çok gönüllü kişi ve grupların destek ve araştırmaları neticesinde bir takım açıklık tarama modülleri oluşmuştur. Bunlar genel itibariyle açık kaynak kodlu yazılımlardır. Bu araçların etkili bir şekilde kullanılabilmesi için öncelikle sahip olunan varlıkların neler olduğu ve çalışma biçimlerini tanımak gerekir. Sahip olunan sisteme uygun modülü araştırıp ilgili ek parametreleri ile birlikte tarama gerçekleştirilebilir. Elde edilen tarama çıktılarını yorumlamak için tecrübe ve bilginin yanı sıra internet araştırması da yapılmalıdır. Çünkü siber saldırlar da sıfırıncı gün (zero day) olarak adlandırılan açıklıklarda kullanılabilmektedir. Kritik bir bilgi sistemi üzerinde açıklık araştırması yapılarak güvenlik oluşturulmaya çalışılıyorsa mutlaka güncel açıklık duyuruları ve formlar takip edilmelidir. Bu bölümde güvenlik test tarama araçlarını; ağ üzerinde oluşan açıklıklar, işletim sistemlerinin de dahil olduğu uygulama açıklıkları ve şifre açıklıklarının tarandığı modüller üç grupta ele alınmıştır. Bu alanda açık kaynak kodlu olarak yazılmış yıllar içinde gelişmiş pek çok modül bulunmaktadır.

4.2.1. Ağ Güvenliği Açıklık Tespit Araçları

Ağ güvenliğini tehdit eden açıklıkların sistemde var olup olmadığını manüel şekilde inceleyip ortaya çıkarmak sağlıklı ve pratik bir yöntem olmamaktadır. Kurumsal ağlarda kullanılan ağ cihazları, port sayıları, üzerinden geçen trafik yoğunluğu ve çeşitliliği göz önüne alındığında oldukça karmaşık bir hal almaktadır. Günümüz siber açıklıkların nelerden kaynaklandığını bulup test etmek ancak cihaza ve uygulaya uygun otomatik tarama araçları ile mümkündür. TUBITAK, bankacılık, telekomünikasyon vb. sızma test projeleri incelendiğinde aşağıda sözü edilen paket yazılımların sıklıkla kullanıldığı görülmektedir. Günümüz ağ ve internet güvenliğinin testine yönelik bu yazılımların yetenekleri ve özellikleri kısaca açıklanmıştır.

4.2.1.1. Nmap ve Hping ile Ağ Tarama

Nmap, güvenlik denetimlerinde kullanılan gelişmiş bir ağ tarayıcıdır. Çok kapsamlı parametrik bir kullanımı vardır. Ağdaki servisler, portlar, cihazların model ve ayrıntıları bu modülle elde edilebilir. IP paket gönderimi ve ping metodu ile testler gerçekleşir. Örneğin "#nmap –sP 10.1.1.0/24" komutu verildiğinde 10.1.1 bloğunda bulunan 255 adet IP taranır açık olan bilgisayarlar üzerindeki portların açık ve kapalı durumu hakkında rapor oluşturacaktır. Tarama sonuçları istenilen dosyaya aktarılabilir. Ayrıntılı kullanım ve modül temini için http://nmap.org adresi kullanılabilir.

Hping, ağa bağlı hedef sistemlerde TCP/IP protokolü üzerinden bilgi toplar. Gelişmiş port tarama özelliği vardır. TCP, UDP, ICMP ve Raw-IP paketleri oluşturularak sisteme gönderip çeşitli port tarama metotların da kullanılır. Hping aynı zamanda ağın dinlenmesi içinde kullanılır. Güvenlik duvarı, DDOS, dosya transferi gibi servisler üzerindeki açıklık ve işlevsellik testlerinde de kullanılır. http://www.hping.org adresinden hem yazılım hem de ayrıntılı kaynak dokümanlar temin edilebilir.

4.2.1.2. Autoscan ve Maltego ile Pratik Bilgi Toplama

Autoscan yazılımı ile ağa bağlı olan kablolu, kablosuz cihazların listesini oluşturur. Bunlara ait IP numaraları, host isimleri, makineler üzerinde çalışan portların aktif, pasif durumları, çalışan servisler gibi teknik bilgiler ayrıntılı olarak sorgulanabilmektedir. Örneğin internete çıkış yapılan bir ADSL modemin de erişim hat bilgileri elde edilebilmektedir.

Maltego, taratılan ağ üzerinde çok önemli bir bilgi toplama aracıdır. Sistem üzerinde çalışan makinelerdeki portların durumu, bu portlar kullanılarak üzerinde çalışan uygulamaların neler olduğu, domain ve DNS sunucu adları, ağ yapısı gibi detaylı bilgiler elde edilebilir. Yapılacak açıklık testlerinde Community Edition versiyonu pek çok modülü içinde bulundurduğundan başlangıç olarak yeterlidir. Siber saldırıların başarılı olabilmesi için genellikle hedef sistemler hakkında bazı bilgileri ele geçirmekle mümkün olmaktadır.

4.2.1.3. Nagios Core ve Ntop ile Ağ İzleme

Nagios Core, ağ üzerinde TCP/IP tabanlı haberleşme yapısına sahip ve tüm cihazları izleme yapmak için kullanılan gelişmiş bir açık kaynaklı bir yazılımdır. Monitör edilebilen cihazlar üzerinden güvenlik tehditleri araştırılabilir. Aynı zamanda duran veya hata üreten servisler takip edilerek kısa zamanda ayağa kaldırılabilir Nagios ile uyumlu çalışan "Nmap Security" yazılımı ile ağa bağlı bilgisayarlarda hangi portlarda açıklık tehlikesi olduğunun takibi de yapılabilmektedir. Detaylı kullanım bilgisi için, *bk.: http://www.nagios.org* sitesinden faydalanabilir.

Ntop; web tabanlı bir ara yüze sahip yaygın kullanılan ağ izleme yazılımıdır. Aynı zamanda ağ trafik ölçümleme de yapabilir. İzlenen trafik üzerinden ani artışlar takip edilerek DDoS benzeri bir saldırın takibi yapılabilir. Ağ yöneticileri için basit konfigürasyon gerektiren web tabanlı raporlar elde edilebilen bir ücretsiz yazılımdır. Ayrıntılı bilgi *http://www.ntop.org* sitesinden elde edilebilir.

4.2.1.4. Ettercap ve Dsniff ile Ağı Dinleme

Ettercap, ağı dinleme, ortadaki adam şeklinde araya girme, ARP zehirleme gibi saldırı analizinde kullanılan en yaygın modüllerdendir. İçerisinde bulunan çeşitli filtreler ve eklentiler kullanılarak çeşitli saldırı türleri denenebilmektedir.

#Ettercap –G komutu ile grafik ara yüzü açılarak örneğin hedef bir makinenin internet trafiğini kendi üzerimize çekerek dns sorgu yapıldığında sahte web sunuculara yönlendirilebilir.

Dsniff, ARP, IP, MAC adreslerini çözümleyen ve içerisinde filesnarf, mailsnarf, msgsnarf, urlsnarfwebspy gibi pek çok ağı dinleyen yazılım bulundurur. Dsniff kullanılarak gerçek makine yerine sahte makine istekleri gönderilerek ağdaki makinalar yanıltılabilir. ARP spoof, dnsspoof ve macof(sahte mac saldırısı) yöntemleri kullanılarak yönlendirici üzerinden geçmesi gereken veri trafiği sahte makine üzerinden görülerek şifreler, epostalar ve erişim kayıtları ele geçirilebilir. #webspy komutu ile başka makinanın yaptığı site adresleri takip edilebilir. Şifreli erişim olarak bilinen https ve ssh bağlantıların dinlenmesi için de sshmitm ve webmitm gibi modüller kullanılır.

4.2.1.5. Armitage ve Fast-Track ile Ağa Sızma

Armitage, ağ denetlemesi ve içeri sızma testleri yapmaya yarayan bir penetrasyon aracıdır. Kolay kullanımı olan grafiksel bir ara yüze sahiptir. TCP/IP tabanlı taranacak hedef sistem üzerinde keşif, exploit, payload ve sisteme sızma gibi ataklar testler uygulanabilir. Tanımlanmış hazır senaryolar kullanılarak otomatik sızma tarama gerçekleştirilebilir. Hedef sistemde tespit edilen açık port veya servis üzerinden atak gerçekleştirilir. Açılan bu kanaldan Meterpreter ile hedef makinenin hedef komut satırına geçebilme test edilir.

Fast-Track, ağ üzerinde zayıf olan noktalardan sisteme giriş yapmayı dener. Metasploit kütüphanesini kullanarak hazır ağ exploit'lerini dener. Başarılı olan exploit denemesinden sonra makineyi ele geçirmek için ilgili payload çalıştırılır. Ağdaki tüm bilgisayarlar kısa yoldan taratılarak zayıf olan makineler üzerinde sızma girişimleri gerçekleştirilir. Konsol, interaktif ve web ara yüzü olmak üzere üç farklı şekilde kullanılabilir. İnteraktif olarak kütüphanenin güncelleme yapısına sahiptir.

4.2.1.6. Snort ve GFI LANguard ile Saldırı Tespit Sistemi

Snort, ağlar üzerinde gerçek zamanlı saldırı tespiti gerçekleştiren sistemdir. IDS(Intrusion Detection System) olarak ta kullanılan yazılım dışarıdan gelebilecek saldırıları engellemeyi paket filtreleme ve saldırı imzalarına bakarak tespit eder. İzleme, trafiği kaydetme, zararlı trafiği tespit etme, protokol analizi gibi yetenekleri barındırır. Saldırı şüphesine karşı kullanıcıları uyarır.

GFI LANguard, Network Security Scanner olarak ağda bulunan bilgisayarlara yönelik oluşabilecek siber tehditleri önceden tespit etmek amacıyla kullanılır. Cihazlar üzerinde açılmış olan fazladan kullanılmayan portları, dosya paylaşımlarını, kullanıcı adlarını, zayıf şifreleri tespit eder. Router, switch, firewall gibi cihazların yazılım güncel durumlarını kontrol eder eksik yamaların yüklenilmesi için uyarı verir. Açıklık taraması yapılan sistemle ilgili ayrıntılı dökümleri rapor dosyası olarak oluşturur.

4.2.1.7. Wireshark ve Tcpdump ile Ağ Paket Analizi

Wireshark, ağ kartları üzerinden geçen veri trafiğini ve 750'den fazla ağ protokolünü analiz eden ücretsiz açık kaynak kodlu programlardır. Linux, Windows, MacOS, Solaris gibi işletim sistemleri üzerinde kurulup çalıştırılabilir. Wireshark projesi ilk olarak Ethereal ağ tarayıcısı ile başlayıp zamanla gelişerek güçlü bir TCP/IP ağ açıklık tarama aracı haline gelmiştir. Yakalanan bir ağ verisi protokol bilgileri ile birlikte çözümler ve belli formatlarda dosyaya kaydeder. Gelişmiş bir filtreleme aracı sayesinde çeşitli kriterlere göre paket arama yapar ve renklere ayırabilir. Aynı zamanda kablosuz ağlardaki veri trafiğini de yakalama yeteneğine sahiptir. Terminal ve görsel ara yüz ekranından çalıştırılarak gerçek zamanlı veri analizi gerçekleştirilebilir. Wireshark ara yüzünde yakalan paketler, bunların ayrıntılı teknik özellikleri ve içeriklerinin incelendiği ekranlardan oluşur.

Elde edilen veriler üzerinden çeşitli istatistiksel çıkarımlar ve grafiksel analiz işlemleri yapılabilmektedir. Belli adresler, kullanıcı adları, şifre, IP adresleri gibi bilgiler yakalanan yığın bilgi arasından sorgulanabilmektedir. Tshark yazılımı Wireshark'ın daha performanslı çalışması için tasarlanmış komut satırı sürümüdür. Örneğin [#tshark –i eth0 –f "tcp port 80] komutu ile bağlı ağ kartı üzerinden geçen sadece

80 portu yani http trafiğini dinler. Bu paketleri daha sonra ayrıntılı analiz için Wireshark yazılımı ile görsel olarak incelenebilir.

TCPdump, bir başka paket yakalama ve analiz aracıdır. Kullanıcılara ağ üzerinden gelen ve giden paketleri gözlemleme olanağı sunar. Ağ üzerinden yakaladığı bilgileri pcap formatında kaydeder. Açık kaynak kodlu ve komut satırında çalışan bir yazılımdır, *bk.:http://www.tcpdmp.org*. Tcpdump'ın Windows işletim sistemi için derlenmiş hali Windump'dır. Http ve telnet gibi şifresiz servisler üzerinden geçen veriler çok rahatlıkla okunabilir. Kısaca tcpdump ağ davranışını, performansını, veri iletimi ve içeriğini kaydeder.

4.2.1.8. Nessus ve Metasploit ile güvenlik tarama

Nessus, ağ üzerindeki açıklık tarama ve analizler yapar. Sonuçların etkin ve güncel açıklıkları bulabilmesi için yazılımın güncel olması gerekir. Portlar üzerindeki açıklıklar, Linux, Unix ve Windows platformlarında çalışabilir. Bilinen kurallardan bağımsız daha gelişmiş taramalar yapabilir. Sonuçlar rapor dosyasına yazdırılır. Üzerinde çok detaylı filtreler uygulanabilir. Örneğin açıklıklara göre, protokol ve port çeşitlerine göre, risk seviyelerine göre gruplar oluşturulabilir. Farklı ağlar için önceden oluşturulan profillere göre tarama gerçekleştirilir.

Metasploit, güvenlik açıklıklarını kullanarak normal-dışı bir işlem yapılmasını sağlayan yöntemleri uygulayan yazılımdır. Güvenlik açıklıklarının kullanımının mümkün olup olmadığı test edilir. Kütüphanesindeki binin üzerindeki açıklık yazılımı ile çok güçlü bir test etme imkânı vardır. İstemci ve sunucu tarafında Windows, MacOS, Solaris, Linux gibi farklı işletim sistemleri ve üzerindeki portlar, açıklıklar kolaylıkla test edilebilir. Güvenlik açıklıklarını tespit edip sistem yöneticilerin tedbir almasına yardımcı olan bir araçtır. Tarama hızı oldukça yüksek, geniş IP aralıklarını kısa sürede tarama yapar.

Bilgi sistemleri açıklık denetimi, yama güncelliği ve yeni güvenlik açıkların takibi açısından oldukça gelişmiş bir araçtır.

4.2.2. Uygulama Güvenliği Açıklık Tespit Araçları

Siber saldırıların yoğun olduğu web uygulama ortamları penetrasyon testlerinde en çok zaman alan testlerdir. Başta bilinen açıklıkların taratılması daha sonra sıfırıncı gün açıklıkları olarak bilinen açıklıkların taratılması oldukça önemlidir. Her yazılım platformu ayrı bir güvenlik riski oluşturmaktadır. Farklı diller ve veri tabanları kendi içinde açıklıkları vardır. Gartner güvenlik raporlarında günümüz açıklıklarının %75 web uygulamalarından kaynaklanmaktadır. Yazılımsal açıklıklara karşı yapılan taramalara ait araçlar belli başlıklar altında gruplandırılmıştır. Bunlara açık kaynak kodlu ücretsiz temin edilebilecek araçlardan ikişer yazılım modülü önerilmiştir.

4.2.2.1. Netifera ve Shodan ile İşletim Sistemi Tarama Araçları

Netifera, bir ağda kullanılan bilgisayarlar üzerinde yüklü olan işletim sistemlerini ve versiyon numaralarını gösteren güçlü bir tarama yazılımıdır. Siber saldırılarda özellikle güncel olmayan işletim sistemlerini bilinen açıklıkları çok büyük etkendir. Güvenlik geliştiricilere ve test araştırmacılarına çok büyük avantaj sağlamaktadır. Ayrıca bir ağdaki sunucu veya istemci üzerinde aktif olan servisleri de raporlar. Bu işlemi uzaktaki bir domain veya sunucu içinde gerçekleştirebiliriz. Start sniffing service ile ilgili host'a ait ethernet kartı gösterilerek taratılabilir. Hedefteki bir ağa ait servisleri ise "Discover TCP Service" ile IP numarası ve çalışan servisleri raporlayabiliriz. Netifera ile brutefoce yaparak şifre kırma testleri de yapılabilir.

Shodan, özellikle sunucu bilgisayarlar üzerinde hangi işletim sistemlerinin, hangi IP'ler üzerinden çalıştığını tespit etmek için kullanılır. Uzaktaki bir domaine ait bir web sitesinin çalıştığı platformu ve yönlendiricileri öğrenebiliriz. Shodan'ı kullanmak için www.shadanhq.com sitesinden ücretsiz bir üyelik kaydı açılarak aktivasyon işleminden sonra kullanılabilir. Arama kısmına örneğin "os:windowscountry :TR port:80" şeklinde yazarak Windows işletim sistemi kullanan Türkiye'deki web sunucuları listelemiş oluruz[63].

4.2.2.2. SQL Map ve SQLninja ile Veritabanı Tarama Araçları

SQL Map, internete tabanlı yazılımlarda ait olduğu veri tabanı üzerinde SQL injection açıklıklarını tarayan güçlü bir araçtır. Microsoft Access, Oralce, PostgreSQL, Microsoft SQL Server, SQLite, SAP MaxDB, MySQL, Sybase gibi veritabanı sistemlerini tarayabilen python dili ile geliştirilmiş açık kaynaklı bir yazılımdır. Integerblind, Error-based, Time-Basedblind, Unionquery, Stackedqueries olmak üzere fakl türlerde varsayılan sözlük listeleri üzerinden SQLinjection testi gerçekleştirebilmektedir[64].

SQLninja, web uygulamalarının arka tarafında kullanılan Microsoft SQL Server veri tabanını SQL enjeksiyon açıklarına karşı güvenlik testi yapar. Veritabanı açıklığını kullanarak işletim sistemi üzerinde erişim elde etmeyi dener.

Yazılım http://sqlninja.sourceforge.net adresinden indirilebilir. SQLninja ile veritabanı üzerinde bilinen 14 farklı (sqlninja -m upload ile indirilir) türde saldırı testi gerçekleştirilir, *bk.: http://sqlninja.sourceforge.net/sqlninja-howto.html]*

4.2.2.3. Webinspect ve GrendelScan ile Uygulama Tarama Araçları

WebInspect, web uygulamaları üzerinde bilgi güvenliğinin sağlanmasına açıklık taramada kullanılır. Aynı zamanda uygulamaların çalıştığı sunucularda potansiyel güvenlik risklerine karşı incelenerek değerlendirilmiş olur. Microsoft Visual Studio .NET, Oracle Application Server, Lotus Domino, Macromedia vb. araçlarla geliştirilen uygulamalar üzerinde kodlama hataları, web servisleri, script ve makrolar güvenlik taramasından geçirilir. WebInspect Enterprise Edition içerisinde hazır kompleks tarama yapabilen yardımcı test araçları ile gelişmiş kolay kullanılabilir bir web ara yüzüne sahiptir, *bk.: http://resources.infosecinstitute.com/webinspect.*

Grendel-Scan, Web uygulama güvenlik tarayıcılarından çok önemli açık kaynaklı otomatik tarama araçları barındıran sızma test aracıdır. Bilinen ve en tehlikeli güvenlik açıklarına karşı web uygulaması test etmek, olası açıklıkları bulmaya katkı sağlar. Windows, Java, Linux ve Macintosh işletim sistemleri üzerinde çalışan web uygulama açıklıkları üzerinde otomatik test gerçekleştirir. "Test ModuleSelection" menüsünden test edilecek uygulamaya ait (URL, HTML, Form, XSS..) metotlar seçilerek tarama gerçekleştirilir.

4.2.2.4. Nikto ve Webshag-Gui ile Web Sunucu Tarama

Nikto, web sunucuları üzerinde kapsamlı güvenlik test hizmeti yapan açık kaynak kodlu popüler bir yazılımdır. Güncel bir nikto test aracı sistem üzerinde 6000 civarında bilinen güvenlik açıklıklarını sınar. Uygulamayı gerçek portal ortamına almadan birçok güvenlik uzmanı ve yazılım geliştiriciler nikto ile testten geçirirler. Potansiyel tehlike oluşturacak uygulama açıklıkları, unutulmuş scriptler ve yanlış yapılandırmalara karşı statik web açıklıklarını tarar. Sanal makine üzerinde kurulum yapıp uygulamaların test edilmesi daha sağlıklı sonuçlar verir, *bk.: http://http://www.howtoforge.com/ apache_security_testing_with_nikto]*

Webshag-Gui, Linux ve Windows platformlarda çalışan web sunucu güvenlik denetim aracıdır. HTTP, HTTPS web yayını yapan sunucular üzerinde kimlik doğrulama testi, URL ve web sitelerini hata ve açıklıklara karşı tarar. Özellikle USCAN komutu ile web sitesi güvenlik işlemi yapılır. FUZZ ile web sunucusundaki gizli dosyalar taranır. Grafiksel ekran üzerinden kolay kullanıma sahiptir.

4.2.2.5. W3af ve Acunetix ile Tümleşik Yazılım Tarama

W3af, web uygulamalarında karşılaşılabilecek güvenlik açıklarına karşı güvenlik tarama araçlarını üzerinde bulundurduğu tümleşik açık kaynaklı bir modüldür. Açıklık içeren yazılım uygulamalarının siber koranlar tarafından ele geçirilme durumu test edilir. Tarama sonuçları "set file name" komutu ile .html uzantılı dosya olarak kaydedilir. Yazılım içerisinde XSS, SQL, XSRF/CSRF, tampon bellek taşması gibi açıklıkların varlığı test edilir.

Konsol ve grafik ara yüzü olan çeşitlik parametre kullanımıyla farklı taramalar yapılabilir. W3af grafik ara biriminden wizard seçeneği ile hedef profil üzerinde denetlenecek parametreler ve uygulamalar seçilerek kapsamlı bir tarama işlemi gerçekleştirilir. Öncelikle bilinen açıklıklar otomatik olarak test edilir, daha sonra kod içeresinde açıklık bulundurabilecek bileşenler incelenir, *bk.: http://w3af.org/community.*

Acunetix, web uygulama projelerinin sunumunun yapıldığı 80 portu siber saldırıların gerçekleştiği en önemli kanaldır. Online portal işlem sayfaları, formlar, üyelikler, parasal işlemler gibi dinamik içerikli yazılımlar üzerinde SQL injection, XSS ve diğer güvenlik açıklarını test eden gelişmiş bir yazılımdır.

PCI DSS, OWASP önemli 10 açıklığı ve HIPAA uyum raporlarına uygun taramalar gerçekleştirir. İşlem sonuçları kabul edilebilir, düşük, yüksek ve kritik seviyelerde risk ölçeklemesi gerçekleştirir. Yeni güvenlik açıklıklarının tanınabilmesi için online update işlemi gerçekleştirilir. Sunucularda kullanılan PHP, ASP, ASP.NET, IIS, Apache gibi yazılım araçları üzerindeki olabilecek açıklıkları da tanır ve raporlar[31].

4.2.3. Şifre Güvenliği Açıklık Tespit Araçları

İnternet üzerinden online işlem çeşitliliği ne kar çok yaygın hale gelirse şifre kullanım ihtiyacı da bir o kadar artmaktadır. Yapılan işlemin kritiklik seviyesine göre şifre koruma risk düzeyi önemli hale gelmektedir. Deloitte güvenlik şirketinin 2012 raporuna göre bilgi sistemlerinde ve kullanıcılar tarafından kullanılan şifrelerinin %90'ının 2013 yılında siber saldırılara karşı daha da savunmasız olacaktır [52]. Şifrenin bir korsan tarafından ele geçirilmesi bireysel ve kurumsal en büyük siber tehdit kaynağıdır. Bu nedenle sistem içerisinde zayıf, tahmin edilebilir basit şifrelerle, kriptosuz şekilde tutulan kullanıcı adı, parolaların tespitinin yapılması gerekmektedir. Bunların el yordamıyla tespiti ve takibi çok mümkün olmadığından denetlemelerde otomatik test araçları kullanılmaktadır. Bunları da çevrimiçi ve çevrimdışı olarak iki grupta incelemek mümkündür.

4.2.3.1. Hydra ve Medusa ile Çevrimiçi Şifre Test Aracı

Bir şifrenin kırılabilme zorluk düzeyini en basit olarak bu linkten test edebiliriz, *bk.: https://www.microsoft.com/tr-tr/security/pc-security/password-checker.aspx*

Hydra, bir veya daha fazla sunucu üzerinde çevrimiçi zayıf veya basit şifreleri test etmek için bir sözlük saldırısı işlemi yapan test aracıdır. Windows, Linux, Solaris, FreeBSD, OSX gibi işletim sistemleri üzerinde esnek ve çok hızlı şifre tarama gerçekleştirir. http, POP3, IMAP, SMTP ve MD5 vb. gibi çeşitli sistemlerde yetkisiz giriş işlemi için güvenlik testi gerçekleştirir. HydraGTK grafik arayüzü sayesinde kolay kullanıma sahiptir, *bk.:http://freeworld.thc.org/thc-hydra/.*

Medusa, güvenlik yöneticilerinin kötü ve zayıf şifrelerin bir siber tehdit haline dönüşmemesi için açık kaynak kodlu bir parola denetim aracıdır. Kolayca tahmin edilebilen, anlamlı günlük kelimelerden oluşan, takım, nesne, sayı, canlı isimleri gibi değişkenlerden oluşan 3,5 milyon kelime hugewordlist.txt dosya mevcuttur. Örnek;

#medusa-h Hedef IP Numarası -u "admin"-P hugewordlist.txt-M http

şeklinde bir dizilimde uzaktaki bir sistemde online erişimle http uygulaması üzerinde kullanıcı adı "admin" olan bir sisteme 3,5 milyon farklı şifre denemesi gerçekleştirir. Bu şekilde bir testle sistemdeki zayıf şifreler tespit edilir ve güçlü şifre kullanımı sağlanmış olur, *bk.:http://www.serverwatch.com/tutorials/article.php/3886791/Medusa-Open-Source-Software-Login-BruteForcer-for-Password-Auditing.htm.*

4.2.3.2. John The Ripper ve Cain and Abel ile Çevrimdışı Şifre Test Aracı

John The Ripper,çevrimdışı şifre kırma test ve denetim aracıdır. DES/MD5/AES/LM vb. değişik algoritmalarla karmaşık okunamaz halde şifrelenmiş parola dosyalarını çözümleme testi için kullanılır. Linux, Windows, Unix sistemlerinde sorunsuz çalışır. John The Ripper aracı ile birlikte gelen "password.lst" sözlük dosyası içerisinde alternatif şifre sözlük saldırıları dener, *bk.:www.john-the-ripper.updatestar.com].*

Cain and Abel, pek çok protokolde password kırma ve yakalama test işlemi yapabilir. MSSQL, ORACLE, MYSQL, WEP, LM, NTLM, NTLMv2, Cisco-IOS MD5, Cisco Type-7, IKE-PSK gibi geniş kapsamlı uygulama ve protokol üzerinde şifre çözümleme denemesi gerçekleştirebilir. Ayrıca SSH-1, HTTPS, VoIP trafiklerini de şifre yakalama atakları gerçekleştirebilmekledir. Bu test aracını güvenlik denetleyicileri, sistem yöneticileri ve yazılım geliştiriciler tarafından penetrasyon testlerinde sıklıkla kullanır,

bk.: http://www.oxid.it/cain.html.

4.2.4. Sosyal Ağ Güvenliği Açıklık Tespit Araçları

Sosyal sitelerin kullanım oranı arttıkça buna bağlı güvenlik riskleri de oluşmaktadır. İnsanların özel ve iş hayatlarına ilişkin bilgileri sosyal sitelerde paylaştıkça bilgisayar korsanları da bulundukları yerden saldırıda gerekli olabilecek bazı bilgileri doğrudan veya dolaylı yoldan, bazılarını da bilgilerden yola çıkarak tahmin ederek elde edebiliyorlar. Güvenliğin en zayıf halkası insan ve duygusal davranış yaklaşımlarıdır. Kurumsal bir ağda çalışan kullanıcılar üzerinde hem kişilerin bazı iletilere verdikleri karşı tepki hem de güvenli kullanım bilincini test etmek amacıyla bazı araçlar kullanılarak test işlemi gerçekleştirilir.

4.2.4.1. Sosyal Mühendislik ve Toolkit (SET) Destekli Test Aracı

Sızma testlerinde insan odaklı güvenlik açıklık araştırmasında kullanılan araç setidir. Sosyal yaşantıda karşılaşılan pek çok siber saldırı örneklerinin senaryolaştırılarak sistemler ve kullanıcılar üzerinde ne kadar gerçekçi sonuçlar elde edilebileceği zafiyet durumu test edilmiş olur. Sahte (web site örnekleri, e-postalar, bağlantı adresleri, update uyarı mesajları, yardım, kablosuz erişim noktası, virüs uyarısı vb.) başlıklar ve her birinin alt senaryolarından oluşan geniş bir kütüphaneye sahip ücretsiz açık kaynaklı test aracıdır.

4.2.4.2. İnsan Destekli Arama ve Sosyal Paylaşım Üzerinden Test

Facebook, Twitter, MySpace ve Live Spaces gibi sosyal ağ siteleri ile Google, Yahoo, Alta Vista gibi arama siteleri üzerinden kurum çalışanlarına ait ne karar bilgi elde edilebiliyor testidir. Bu bilgilerin siber tehdit aracı olarak kullanılabilme riski değerlendirilir. Doğum tarihi, aile bilgileri, meslek, çalıştığı kurum, çalışma saatleri, ikametgâh adresi, e-posta, telefon numaraları, fotoğraf, video, arkadaş profili, sevdiği hayvanlar, zevkler vb. bilgiler kişinin pozisyonuna göre siber tehdit statüsünde değerlendirilebilir içerebilir. SET aracı komut satırından kullanılabildiği gibi set-web grafik ara yüzüne de sahiptir. Web ara yüzünden başlatmak için "http://127.0.0.0:44444" şeklinde başlatılabilir.

4.3. Test Yöntemleri

Kuruluşlar uluslararası PCI, ISO27001, COBIT, HIPAA standartları gereği bu testin en az yılda 1 defa bağımsız test merkezlerine yaptırması gerekmektedir. Siber saldırgan gözü ile kendi güvenlik ekibi de sistem değişikliklerinde, ürün ve yazılım eklemelerinde belli periyotlarda sürekli gerçekleştirmelidir. Sistemin kritiklik düzeyine bağlı olarak sertifikalı profesyonel güvenlik uzmanlarından ve firmalar destek alınmalıdır. Sızma testinde 3 yöntemle gerçekleştirilir. Bunlar Black, White ve Gri olarak şekil 4.2 de görülmektedir[65].

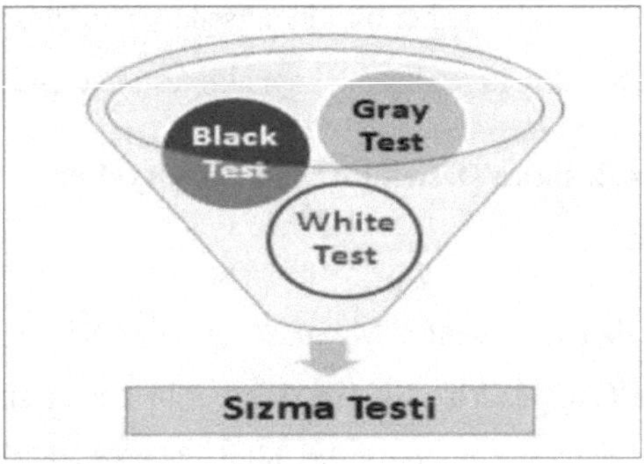

Şekil 4.2 Sızma Testi Yapılma Yöntemleri

4.3.1. Black-Box Test Yöntemi

Bu test yönteminde hedef sistem hakkında hiçbir bilgisi olmayan dışarıdan bir saldırgan gibi senaryo oluşturulur. Test ekibine sistem hakkında herhangi bir ön bilgi verilmez. Hedef sistem ise denetimin kapsamı etik gereği önceden bildirilir. Bununla dışarıdan gelebilecek hedefli veya hedefsiz tehditlerin sonucunu görebilmeyi sağlar. Teknik bilgiye dayalı uzmanlık gerektiren bir çalışma ister.

4.3.2. White-Box Test Yöntemi

Bu test ile daha önce kurum personeli olmuş, sistem varlıkları hakkında bilgisi olan ve içeriden kişilerin oluşturabilecekleri risk ve tehditleri tespit eder. Bunun için testi gerçekleştiren kişinin sistem hakkında; IP aralığı, ağ haritası, web servisleri, sunucu ve bazı erişim şifreleri gibi ön bilgiler verilerek detay bir çalışma gerektir. İç test olarak ta tanımlanan bu çalışma sistemsel güvenlik sorunlarının tespiti için işten çıkarılan veya kasıt amaçlı sistemi tanıyan çevre saldırılarına yönelik sıklıkla yapılır.

4.3.3. Grey-Box Test Yöntemi

Sistem üzerinde çalışan normal yetkilere sahip bir kurum personelinin bilinçli yâda bilinçsiz olarak oluşturabileceği siber tehlike veya oluşturabileceği açıklıkları test eder. Takip edilemeyen veya unutulmuş gereksiz yetkilerin verildiği bir ağda çalışanın oluşturduğu güvenlik riski dışarıdan gelebilecek bir saldırıdan daha yıkıcı olabilmektedir.

4.4. Test Hazırlık Aşaması

Sızma testlerinde belli bir metoda göre düzenli bir çalışma ortamı oluşturulmalıdır. Siber saldırganlar ve zararlı yazılımlar çok daha planlı şekilde sistemleri tehdit etmektedir. Test senaryosu ve işlem adımları çok daha gerçeğe yakın saldırgan penceresinden bakarak işlem adımları belirlenmelidir. Test Tarama Modüllerinin Temini

Farklı kapsam ve yeteneklere sahip, bilgi varlıklarının bir kısmını veya tamamı üzerinde tümleşik test yapabilen açık kaynaklı ve ticari yazılımların bazıları aşağıda verilmiştir.

4.4.1. Açık Kaynaklı BackTrack Modülü

Bilgi ve ağ güvenliği üzerine çalışan özellikle sistem yöneticilerinin işlerini çok kolaylaştıran açık kaynak kodlu ücretsiz kuruluma sahip tümleşik bir test tarama modülüdür. Bölüm 2,7'de ele alınan açık kaynaklı açıklık analiz yazılımlarının yanı sıra 300'e yakın tarama modülüne sahiptir. İçeresinde barındıran profesyonel bir yazılımdır. Dünyada siber güvenlik üzerine verilen sertifika eğitimlerinin ve penetrasyon test laboratuvarlarında profesyonel test modülü olarak kullanılmaktadır. Linux tabanlı Ubuntu kod mimarisine sahiptir[65].

4.4.1.1. Kurulum

BackTrack üç şekilde çalıştırılabilir. Bunlar;

a) Bilgisayarın ana diskine bir işletim sistemi olarak kurulabilir,
b) Çalışan bir işletim sistemi üzerindeki sanal bir yazılım (WMware, VirtualBox) aracılığı ile farklı bir işletim sistemi olarak kurulabilir,
c) Bilgisayara kurulum yapmadan USB disk veya CD'den Backtrack başlangıç sistemi ile açılıp kullanılabilir.

GNOME (GNU Network Object Model Environment) ve KDE (K Desktop Environment) grafik ara yüz masaüstü desteğine sahiptir, *http://e-bergi.com/2010/Mart/KDE-ve-GNOME.* 64bit(x64) ve 32 bit(x86)işlemci desteği vardır.

Kurulum için .iso veya .vm uzantılı kalıp dosyaları http://www.backtrack-linux.org adresinden ücretsiz indirebilmektedir. Kurulum sonrasında **root** kullanıcı adı ve toor, password'ü ile admin(root@bt :~#) yetkisi kazanılır. "startx" komutu ile xwindows grafik uygulaması başlatıldığında sahip olduğu test araçları kolaylıkla kullanılabilir.

4.4.1.2. Güncellenme

BackTrack uygulama paketleri ile güncel tarama yapabilmek için güncellenmelidir.

 # apt-getupdate ve **#apt-getinstall** komutları ile gerçekleştirilir.

Testte kullandığı veri kütüphane ve komut işlevlerinin son ve güncel sürümleri yeni nesil siber saldırıların testini gerçekleştirmede ve tespiti için önemlidir.

4.4.1.3. Özellikleri

BackTrack "Offensive Security" grubunun öncülük ettiği güvenlik tarama üzerine geliştirilmiş Linux kod özelliklerine sahip bir projedir. Temel olarak işletim sistemleri, veri tabanları, zayıf şifre uygulamaları, sosyal ağlar, DDoS saldırıları, sunucu uygulamaları, kablosuz ağlar ve e-posta analizi gibi pek çok test ve denetim aracını içerisin toplanmıştır. Büyük ve karmaşık bilişim altyapıları açıklık taramalarda, adli bilişime yönelik vaka analizleri de tercih edilir.

4.4.1.4. Temel Modülleri

BackTrack 300'den fazla test tarama ve varlık analiz güvenlik araçları içerir. Tablo 4.1'de görüldüğü üzere şifre kırma, uzaktan erişim test, kablosuz test, adli bilişim gibi çok kapsamlı sızma test araç koleksiyonuna sahiptir. Ayrıca bunlar ek Script ve komutlarla hedefe uygun kişisel olarak da özelleştirebilmektedir[70].

Tablo 4.1 Backtrack Açıklık Tarama Modülleri

Security Testing Technique	Security Testing Tool
Review	
Network Sniffing	Dsniff, Ettercap, Kismet, Mailsnarf, Msgsnarf, Ntop, Phoss, SinFP, SMB Sniffer, and Wireshark
File Integrity Checking	Autopsy, Foremost, RootkitHunter, and Sleuthkit
Target Identification and Analysis	
Application Security Testing	CIRT Fuzzer, Fuzzer 1.2, NetSed, Paros Proxy, and Peach
Network Discovery	Autonomous System Scanner, Ettercap, Firewalk, Netdiscover, Netenum, Netmask, Nmap, P0f, Tctrace, and Umit
Network Port and Service Identification	Amap, AutoScan, Netdiscover, Nmap, P0f, Umit, and UnicornScan
Vulnerability Scanning	Firewalk, GFI LANguard, Hydra, Metasploit, Nmap, Paros Proxy, Snort, and SuperScan
Wireless Scanning	Airsnarf, Airsnort, BdAddr, Bluesnarfer, Btscanner, FakeAP, GFI LANguard, Kismet, and WifiTAP
Target Vulnerability Validation	
Password Cracking	Hydra, John the Ripper, RainbowCrack, Rcrack, SIPcrack, SIPdump, TFTP-Brute, THC PPTP, VNCrack, and WebCrack
Remote Access Testing	IKEProbe, IKE-Scan, PSK-Crack, and VNC_bypauth
Penetration Testing	Driftnet, Dsniff, Ettercap, Kismet, Metasploit, Nmap, Ntop, SinFP, SMB Sniffer, and Wireshark

4.4.2. Ticari Test Tarama Modülü

Ticari firma ve grupların bilgi sistemlerinin belli bir alanını tarayıp zayıflıkları raporlayan uzman yazılımlar mevcuttur. Ancak bunlar Backtrack yazılımında olduğu gibi tümleşik bir çözüm sağlamamaktadırlar.

Netsparker; AJAX ve JavaScript tabanlı web uygulamalar için kapsamlı güvenlik taraması gerçekleştirir. Bulduğu açıklıkları doğrulama testi gerçekleştirerek detaylı analiz raporu oluşturur[http://www.mavitunasecurity.com/netsparker]

CoreImpact;Olası ağ ve web güvenlik açıklarını test edip tehditler hakkında rapor veren ticari bir yazılımdır[http://www.coresecurity.com/core-impact-pro].

HP Webinspect; Web uygulama güvenlik açıklarını tarayıp, çeşitli saldırı taklitleri ile kod düzeyinde test gerçekleştiren yazılımdır [*http://www8.hp.com/us/en/software-solutions/software.html*].

SAINT ExploitScanner; Bilinen güvenlik açıklıkları üzerinde manuel veya otomatik test olarak ağ güvenliği testi gerçekleştirir. [*http://www.saintcorporation.com/*].

4.4.3. Hedef Belirleme

Yapılacak test işleminin işletme için ne amaçla yapılacağı, hangi ağ, uygulama ve servisleri kapsayacağına ilişkin hedef belirlenir. Temel çerçeve ve sınırlar oluşturulur. Eğer bu test bir bağımsız denetçi tarafından yapıyorsa, bulunan açıklığı kapatma gibi bir hedefinin olmadığı belirtilir.

4.4.4. Metodoloji ve Planlama

Siber güvenlik düzeyindeki ihlallerin bulunması ve bu açıklıkların ortadan kaldırılmasına yönelik çalışmanın planlanma safhasıdır. Bölüm 4.1'de belirtilen test kılavuzlarının ışığında işlem metodolojisi oluşturulur. Penetrasyon test sürecin nasıl yürütüleceği, yasal sorumluluklar ve yaptırım, ne kadar zamanda tamamlanacağı gibi süreçler resmi mutabakat haline getirilir.

4.4.5. Bilgi Varlıkları Üzerinde Bilgi Toplama

Hedef sistem üzerinde bilgi toplama kısıtlı olan test işlemi için oldukça kritik öneme sahiptir. Bilgi varlıkları üzerinde ne kadar çok bilgi elde edilebilirse test işlemi o kadar etkili ve başarılı olur. Bu bilgiler hedefe ait fiziksel bilgi teknolojileri altyapısı ve insan kaynakları üzerinde gerçekleşir. Arama motorları(Google, Bing, Yahoo, Yandex..), LinkedIn, Facebook, Twitter, web sayfaları ve e-posta listeleri gibi sosyal medya ve iletişim araçları kullanılır. Ayrıca

BackTrack modülü içerisindeki aktif ve pasif bilgi toplam araçları ve Maltego aracı ile gerçekleştirilir.

4.4.6. Ağ Keşfi ve Haritalama

Hedef sisteme ilişkin toplanan bilgiler ışığında ağ altyapısı, aktif ağ cihazları ve trafik geçişleri, işletim sistemleri, veri tabanları, uygulama yazılımları, IP blokları, güvenlik araçları, versiyonlar gibi varlıklar kategorize edilerek tahmini şekilsel bir yapı oluşturulur. Bilgi toplama sırasında karşılaşılan açık portlar ve portlarda çalışan servisler gruplandırılır. Otomatik tarama araçları ile BackTrack-Information Gathering-Network Analysis-DNS Analysis –Maltego, Nmap, Dmitry gibi araçlarla varlık keşfi, host bilgileri, çalışan sunucular, internet servisleri gibi bilgilerle haritalama işlemleri tamamlanır, bk.: http://www.backtrack-linux.org.

root~# dmitry –wn –o sorgu.txt abc.com
 # nmap [tarama türü] [seçenekler] {hedef}

4.4.7. Sosyal Mühendislik

Siber saldırıların büyük bir kısmı insanlar üzerinden gerçekleşen sahtecilik ve aldatma yöntemleri oldukça önemli bir açık kapı oluşturmaktadır. Çalışanların birbirlerine olan güven duygusu kullanılarak sistemci veya yönetici gibi davranarak tuzak bir yazılım içeren bir e-posta, telefon, mesaj gibi yöntemlerle siber aldatma sanatını kullanarak kritik bilgilerin elde edilmesi aşamasıdır.

Yapılan çalışma tamamen insan faktörü üzerinde güvenli davranış bilincine dayanmaktadır. İnsan doğası gereği her zaman hata yapmaya hazırdır. Çalışma ofisi, masa, ekran, klavye, yazıcı çevrelerinde küçük notlarla iliştirilmiş kullanıcı adları, şifreler, erişim linkleri, ailevi bilgiler, hobiler, görünür şekilde yapılan login işlemleri gibi kritik bilgiler toplanır. İnternette istihbaratların %80'ni açık kaynak olarak formlarda yayınlanan bilgilerden ve sistem yöneticilerinin izlenilmesi ile elde edilir [*http://www.social-engineer.org/*].

Backtrack içerisinde sosyal mühendislik tarama araçlarını ve tuzak senaryoların olduğu "Social Engineering Toolkit (SET)", Metasploit, Meterpreter gibi modüller kullanılır.

4.4.8. Senaryo Örnekleme ve Etik

Tespit edilen varlıklar üzerinde sızma testleri için güncel ve gerçeğine yakın saldırı senaryoları oluşturulmalıdır. Sistemlere siber saldırı olabilme yoğunluğu ve bilginin kritiklik düzeyleri dikkate alınmalıdır. Olası hizmet kesintileri ve yaşanabilecek veri kayıpları için test öncesi önlem ve yedekleme yapılmalıdır. Süreçler iyi analiz edilerek profesyonel senaryolar oluşturulmalıdır. Saldırıların içerden veya dışarıdan olma durumlarına göre farklı kurgulanmalıdır.

Test aşamasında kurum yetkililerinin, çalışanların ve test uzamlarının görev ve roller iyi tanımlanmalıdır. Güvenlik testini gerçekleştiren kişi veya kuruluş bu esnada elde ettiği bilgileri hiçbir yerde paylaşamaz veya kullanmamalıdır. Bu kurallar etik değerler çerçevesinde değerlendirileceği gibi öncesinde yapılan karşılıklı yasal sözleşme maddelerine bağlılık ve mesleki etik çerçevesinde profesyonel şekilde gerçekleştirilmedir. Hazırlanan test planına uygun, süreçlerin yeteri kadar şeffaf, izin alınmayan kapsam dışı varlıklara dokunmadan, tespit edilen açıklıkların gerçeklemesi yapılarak tutarlı raporlarla test işlemini sonuçlandırmak gerekir.

4.5. Açıklık Kontrol Alanları

Sistem üzerindeki siber tehditlerin azaltılması için gerçeğe yakın senaryolar eşliğinde otomatik veya manuel olarak test edilmesidir[63,70]. Hedef sistem üzerinde;

a) Bilinen güvenlik açıklıklarını tarama,
b) Bulunan güvenlik açıklıklarını sınıflandırma,
c) Olası etkilerini analiz etme,
d) Security Focus tarafından duyurulan CVE veya CERT numarası ile eşleştirilir.

Sızma testlerinde hedef sistem üzerinde servislerde durma veya yedekten geri dönme gibi gerekli önlemler alınır. Fiziksel güvenlik testleri ve sosyal mühendislik teknikleri sızma test kapsamındadır. Test edilecek hedef bilgi sistemlerinin siber güvenilirliğini artırmada kullanılacak çizelgelere ait detay kurgular güvenlik uzamanın teknik bilgisi ile şekillendirilecektir.

4.6. Test Sonuçlarının Düzenlenmesi

Standart ve kılavuzlara uygun şekilde gerçekleştirilen sızma test sonuçlarını üst yönetim ve teknik kişilerin incelemesine sunmak için 3 farklı rapor şeklinde oluşturulur. Sitemdeki tespit edilen güvenlik açıklıkları ve bu açıklıkların doğrulaması ile olası zayıf noktalar belirtilir. İdari ve teknik personel bu açıklıkların kapatılması yönünde önlem geliştireceklerdir.

Bu testin en önemli sonucu oluşturulan bu raporda gerçek açıklığın görülmesi ve bu açıklığın giderilmesine siber güvenlik için son derece önemlidir.

4.6.1. Yönetim Raporu

Stratejik bir bakış açısı ile üst düzey alınacak kararlara ilişkin kısa ve özlü şekilde hazırlanmış değerlendirme raporudur.

a) Yapılan testin başta yapılan karşılıklı sözleşmeye uygun şeklide tamamlanma durumu, yapılamayan adımlar varsa neler olduğu ve nedenleri belirtilir.
b) Elde edilen test sonuçları ışığında işletmenin genel güvenlik düzeyine ilişkin akılda kalacak şekilde, somut verilere dayalı kısa tespitler yapılır.
c) Açık olan noktalardaki yapılması gereken ek yatırımın önemi vurgulanır.
d) Açıklık ve gerçekleme değerleri kullanılarak istatistik ölçütlere göre analizler grafiksel halde sunulur.
e) Açıklıklardan etkilenecek varlıklar kritiklik düzeyine göre sınıflandırılarak teknik detaya çok değinilmeden risk matrisleri oluşturulur.
f) Raporun uzunluğu 2 ile 4 sayfa aralığında olmalıdır.

4.6.2. Teknik Rapor

Tespit edilen açıklıkların giderilmesi yönünde teknik değerlendirme raporu çok önemli rol oynamaktadır. Açıklıklara ait donanım ve açıklık türü gibi bilgiler ayrıntılı olarak belirtildiği için çözüm üretmede yol gösterici niteliktedir. Yönetici raporunda olan risk matrisi, açıklık sınıflandırma, istatistik tahminleme gibi değerlere yer verilir. Ayrıca bu raporun nelerden oluşacağı aşağıda sıralanmıştır.

a) Test sırasında ortaya çıkan her tür güvenlik açıklığı belirtilir. Açıklığın nedeni, gelebilecek saldırı biçimi, alınması gereken önlem gibi profesyonel yönlendirmeleri içerir.

b) Açıklara ait ekran görüntüleri ve detaylı açıklama yapılır,

c) Ağ topolojisi üzerinde açıklığın yeri, IP'si ve varlık tarifi yapılır,

d) Bulunan bir açıklık üzerinde gerçekleme simülasyonu ve exploit sonucu ile kanıtlaması yapılır.

e) Açıkların nesnel yöntemlere göre gruplanması ve derecelendirilmesi yapılır

f) Test yapılan sistemde gelecekte tehdit olabilecek unsurlar varsa önceden bilgilendirilir.

g) Açıkların nasıl giderileceğine dair detaylı teknik bilgi, referanslar kaynaklar ve CVE numaraları belirtilir.

4.6.3. İyileştirilmiş Dış Rapor

Teknik raporda belirtilen açıklıkların giderilmesi için güvenlik uzmanları iyileştirme çalışması yaparlar. Bu teknik çalışmanın sonunda önceki açıklıkların giderildiğini doğrulama amacıyla özellikle önceki açıklık ve etkilendiği sistemler yeniden sızma testine tabi tutulur. Nihai denilebilecek bu son raporla sistemin siber tehditlere karşı dayanıklı olduğunu beyan eden bir dış rapor niteliğindedir.

a) Müşteri ve hizmet verilen sektör ve ortaklara karşı güvenli olduğunun bir kanıtıdır.

b) Bu raporla ISO 27001, PCI, SOX, HIPAA, FISMA ve NIST gibi kılavuzlarda belirtilen güvenlik testlerinin başarı ile sağlandığını gösterir,

c) Rapor sonuçları XLS, CSV, DOC, TXT, HTML, XML ve PDF gibi format çıktılarına göre özelleştirilebilir.

d) İsteği göre farklı dillerde oluşturulabilmelidir.

BÖLÜM 5

5. SİBER ÖNLEM SİSTEM(SOS) YAZILIMI

Günümüzde siber tehdit ve saldırılara karşı kurumlar etkin önlemler almak zorunda. Bunun için öncelikle bilinen siber tehditler, siber açıklıklar, bunları önleyici kontrol veri tabanlarının merkezi olarak oluşturulması, bunun yanında kurumda korunması gereken kıymetli varlıkların belirlenmesi gerekmektedir.

Siber saldırılara karşı öncelikle varlıkların ve varlıklar üzerinde yer alan zayıf noktaların belirlemesi, ardından bu açıklıkları giderecek kontrollere karar verilmesi, aksiyon ve önlemlerin alınarak bunların etkin bir şekilde takip ve gözetiminin yapılması ve yönetilmesi gerekmektedir. Bu takip, geçmişte daha çok kâğıt, dosya gibi ortamlarda gerçekleşmesi yeterli iken günümüzde artık daha karmaşık hale gelen saldır türleri, zayıf noktalar ve etkilenen varlıklardaki çeşitlilikler nedeniyle artık yetersiz hale gelmiştir. Bunların merkezi bir sistem üzerinden takibi daha etkin çözüm olarak karşımıza çıkmaktadır. Bu ihtiyacı gidermeye dönük geliştirilen etkin siber saldırı önleme sistemine(SOS) ait temel bileşenler Şekil 5.1'de gösterilmektedir.

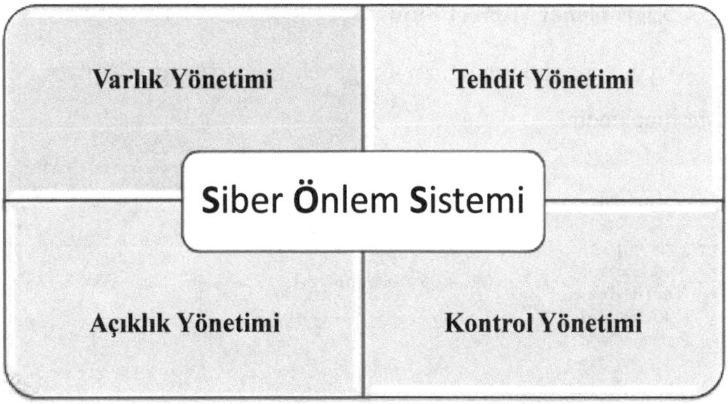

Şekil 5.1 Siber Önlem Sistem Uygulama Bileşenleri

Geliştirilen sistem siber önlem sistemiyle korunması gereken değerli varlıkların yönetimi, varlıklar üzerinde tespit edilen ya da bilinen açıklıkların yönetilmesi, bu açıklıkları kullanacak siber tehditlerin yönetilmesi, çeşitli standartları da referans alan kontrol kataloglarına ilişkin kütüphanenin yönetilmesi ile tüm bu verilerin birlikte kullanıldığı siber tedbirlerin yönetildiği modüllerden oluşmaktadır. Bu uygulama modüllerin her birinde tanımlama, düzenleme, raporlama ve uygulamada kullanılan parametre tablolarına ilişkin ekranlar geliştirilmiştir. Geliştirilen sistem ile her bir bilgi ve sistem varlığı üzerindeki siber tehdit ve açıklıkların etkin biçimde takibi, yönetimi ve bunların etkin biçimde raporlanması sağlanmıştır.

Bu bölümde geliştirilen SOS uygulama yazılımı temel bileşenleri, özellikleri, mimarisi, veri tabanı ilişkileri ve uygulama ekran ara yüzlerine ilişkin kapsamlı bilgilere yer verilmiştir.

5.1. Uygulama Yazılımı Temel Özellikleri

Siber önlem sistemi genel mimarisi, uygulama geliştirme araçları, yazılım geliştirme standartları, veritabanı mimarisi, yararlanılan referans kaynak ve uygulamalar bu bölümde ele alınmıştır.

5.1.1. Genel Mimari Yapı

Uygulama bileşenlerine ait genel mimari yapı Şekil 5.2'de gösterilmektedir.

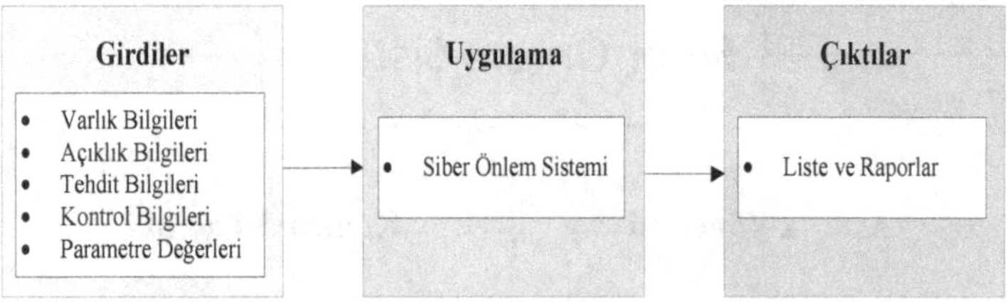

Şekil 5.2 SOS Uygulama Genel Mimari

Genel mimari yapıdan da anlaşılacağı üzere uygulama varlık, tehdit, açıklık ve kontrol bilgilerini girdi olarak almakta, tüm bu bilgilerin işlenmesi sonucunda istenilen raporları çıktı olarak üretmektedir.

Uygulamanın geliştirilmesinde yukarıda belirtilen genel mimariye uygun biçimde ve aşağıda yer alan temel nitelikleri de kapsayacak şekilde geliştirilmiştir. Böylece

a) Bilgi ve sistem varlıklarının tanımlanması, düzenlenmesi ve raporlanabilmesi,

b) Tespit edilen ya da bilinen açıklıkların yönetilebilmesi,

c) Açıklıkları kullanabilecek siber tehditlerin tanımlanması ve yönetilebilmesi,

d) En iyi bilinen pratikleri, uluslararası güvenlik standart gereksinimleri, kurum politika ya da yasal uyum gereksinimlerini kaydedebilecek, bunları işleyip raporlayabilecek kontrol katalog yönetimini gerçekleştirilebilmesi,

e) Varlık, açıklık, tehdit, kontrolleri bir arada kullanılması, siber önlem stratejilerinin işlenebilmesi ve yönetilmesine olanak sağlanmıştır.

5.1.2. Uygulama Geliştirme Araçları

İnternet tabanlı uygulamanın geliştirmesinde Tablo 5.1'de belirtilen yazılım geliştirme araçları kullanılmıştır.

Tablo 5.1 Uygulama Geliştirme Araçları

Fonksiyonu	Kullanılan Yardımcı Program Aracı
Html Tasarımı	Önyüz tasarımında temel html ve java script komutları
Programlama Aracı	Visual Studio 2010 Professional ürünü içerisinde yer alan ASP.NET, Framework 4.0
Görsel Tasarım Aracı	Ana ekran tasarım görsellerini hazırlamada mevcut araca ek olarak Photoshop 6.0 yazılım aracı

Tablo 5.1'de belirtildiği gibi uygulama ana sayfa tasarımı temel html kodlarıyla, uygulamanın program geliştirmesinde ASP.NET programlama aracı kullanılmıştır. Ayrıca görsel tasarım kısmında Photoshop ve benzeri uygulama araçlardan istifade edilmiştir.

5.1.3. Kullanıcılar

Uygulama yazılımının yönetimi üst seviyede yetkilendirilmiş bir kullanıcı ile sınırlı tutulmuştur. Yetki ve sorumluluk verilen bu kullanıcı; kurumda yer alan bir bilgi güvenliği yöneticisi ya da uzmanı, bunlar bulunmuyorsa bu yetkinliklere haiz bir sorumluya verilmelidir.

Bu yetkili kullanıcı ilgili paydaşlardan bilgilerin toplayan, bunları sistem üzerinden işleten ve gerekli takip ve raporlamaları tek elden yürütmeyi sağlar.

Elde edilen bilgilerin kritikliği ve yönetimin tek elden sıkı takibi için kullanıcı sayısı sınırlı tutulmuştur. Bunun yanında uygulamanın üst yönetime gözetim ve denetimine de açık olması sağlanmalıdır.

5.1.4. Donanım

Uygulama günün koşullarına uygun çok özel yapılandırma gerektirmeyen bir PC, dizüstü vb. bilgisayar ya da sunucu üzerinde çalıştırılabilir. Bilgisayar internet sunucu hizmeti(ISS) açık olması gerekmektedir.

5.1.5. Yedekleme

Uygulama yazılımı ve kullanılan veri tabanına ait yedeklerin alınması uygulamanın kullanım sıklığına da bağlı olarak günlük ya da haftalık olarak tercih edilebilir.

5.1.6. Veri Tabanı

Veri tabanı olarak MS SQL Server 2008 kullanılmıştır. Uygulama veri tabanı tablo ve ilişkileri korunmak koşuluyla MS Access, mySQL, ORACLE vb tüm ilişkisel veri tabanları üzerinde de çalıştırılabilir.

5.1.7. Veri Tabanı Tablo İlişkileri

Uygulama veri tabanı tabloları arasındaki ilişkiler Şekil 5.3'de gösterilmektedir.

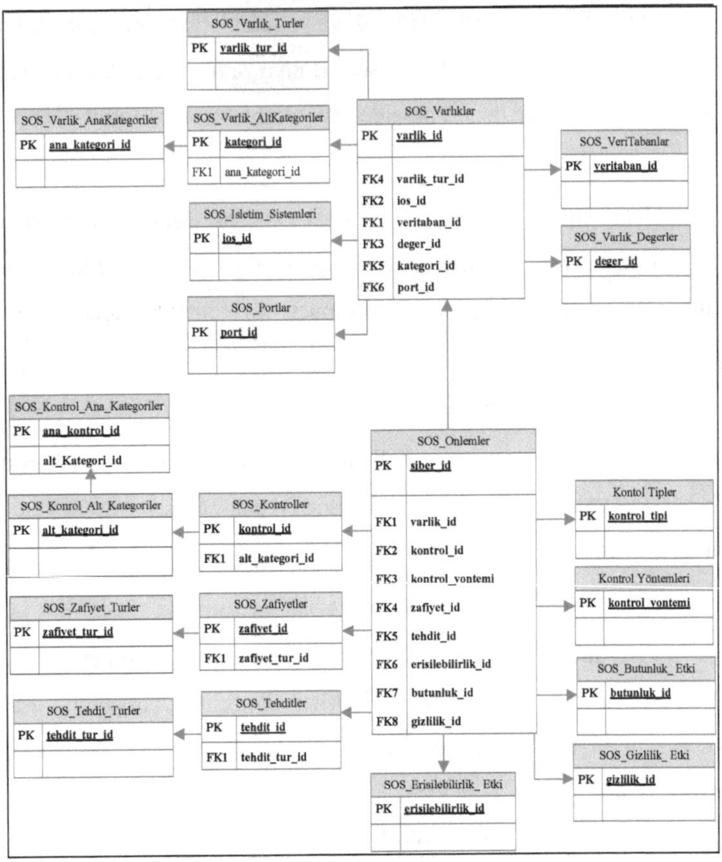

Şekil 5.3 SOS Veri Tabanı ER Diyagramı

5.1.8. Yazılım Geliştirme Standartları

Uygulama geliştirme aşamalarında aşağıda yer alan yazılım geliştirme standartları esas alınmıştır.

a) İnternet tabanlı görsel olarak geliştirilmiştir.

b) Uygulamanın her aşamasında belirli bir tertip, düzen olması renk seçimleri, ekran tasarımlarında kullanıcının kolayca kullanabileceği, anlaşılır bir düze içerisinde tasarım yapılmasına özen gösterilmiş olup çeşitli görsel tasarım araçları kullanılarak zenginleştirilmiştir.

c) Uygulama yazılımı içerisinde fonksiyonlar, önemli görülen kodlar için açıklama komutları eklenmiştir. Böylece sonradan ihtiyaç duyulması durumunda kodların okunabilirliği sağlanmıştır.

d) Uygulama mümkün olduğunca parametrik yapı desteklenerek geliştirilmiştir. Parametre tanımlamaları önceden oluşturulmuş ilgili parametre tablolar üzerinde tanımlanmıştır. Bu sayede sonradan ihtiyaç halinde yazılım koduna her hangi bir müdahale söz konusu olmadan ilgili tablolarda yer alan parametre değerlerinin düzenlemeleriyle istenilen seçim değişiklikleri esnek ve kolay biçimde gerçekleştirilebilecektir.

e) Oluşturulan klasör ve sayfa isimlerinin ilk harfleri büyük tutulmuş, modül ve içeriği çağrıştırmaya özen gösterilmiştir. Örneğin; 'SOS/SiberTanimlama.aspx'.

f) Veritabanı tablo isimleri oluşturulurken olası bir takım teknik sorunlara yol açmaması için zorunlu olarak Türkçe 'ç','ş','ğ' gibi özel harflerin kullanımından kaçınılmıştır.

g) Veri tabanı tablo isimleri 'SOS_TabloAdi' şeklinde tanımlanmıştır. Örneğin; 'SOS_Onlemler' gibi.

h) Veri tabanı tablo alan adları önünde tablo ismini anımsatacak şekilde 'tablo adı_alan adi' şeklinde oluşturulmuştur. Örneğin; 'SOS_Varliklar' tablosunda yer alacak bir alan adı; 'varlik_id', 'varlik_adi' şeklinde isimlendirilmiştir.

i) SQL sorgusuna ait komutları diğer kod parçacıklarından ayırt edilebilmek için büyük harf ile yazılmaya özen gösterilmiştir. Örneğin;
'INSERT INTO SOS_Tehditler (tehdit_tur_id, tehdit_tanim, tehdit_ek_bilgi)
VALUES(@tehdit_tur_id, @tehdit_tanim, @tehdit_ek_bilgi);'

5.1.9. Referanslar

Uygulamaya ilişkin gereksinim ve nitelikler belirlenirken referans olarak yararlanılan belli başlı kaynaklardan bazıları şunlardır;

- Standartlar; Belli başlı güvenlik standartları (ISO/IEC 27001, ISO /IEC 27005, NIST, FISMA, COBIT DS5, PCI DSS, siber güvenliğe ilişkin bilinen en iyi yöntem, pratik ve çözümler dikkate alınmıştır.
- Kılavuzlar; OSSTMM, OWASP, ISSAF, NIST kılavuzlardan yararlanılmıştır.
- Açıklık veritabanları; sistemler üzerinde yer alan güncel açıklıklar açıklıklara ait bilgiler yer aldığı 'Exploit Database', 'CVE Details' gibi açıklık veritabanlarından yararlanılmıştır.
- Açıklık tespitinde kullanılan araç ve yöntemler; siber güvelik zafiyetlerini tespit etmeye yarayan açık kaynak kodlu Backtrack, Metasploit, Meterpreter, Nesus uygulama araçları ile sızma test yöntemleri bilinen en iyi pratikler kullanılmıştır.
- Kaynaklar; [65, 73, 74, 75, 76]
- Yasal düzenlemeler; TCK, BDDK, TUİK vb. bir takım yasal düzenleme, direktif ve gereksinimler

5.2. Uygulama Modül ve Ekranları

Geliştirilen siber önlem uygulamasına ait modül ve ekranlara ait bilgilere ilişkin uygulama ara yüzlerine ilişkin liste Tablo 5.2'de gösterilmektedir.

Tablo 5.2. Uygulama Arayüz Tanımları

Modül (M) / Ekran(E) Tanımları	ME	**Uygulama Adresi**
Uygulama Ana Sayfa	E	//SOS/index.html
Varlık Yönetimi	M	//SOS/varlik.html
Tanımlama	E	http://localhost:2078/SOS/VarlikTanimlama.aspx
Güncelleme	E	http://localhost:2078/SOS/VarlikDuzenleme.aspx
Raporlama	E	http://localhost:2078/SOS/VarlikRaporlama.aspx
Parametre	E	http://localhost:2078/SOS/VarlikParametre.aspx
Tehdit Yönetimi	M	//SOS/tehdit.html
Tanımlama	E	http://localhost:2078/SOS/TehditTanimlama.aspx
Güncelleme	E	http://localhost:2078/SOS/TehditDuzenleme.aspx
Raporlama	E	http://localhost:2078/SOS/TehditRaporlama.aspx
Parametre	E	http://localhost:2078/SOS/TehditParametre.aspx
Açıklık Yönetimi	M	//SOS/zafiyet.html
Tanımlama	E	http://localhost:2078/SOS/ZafiyetTanimlama.aspx
Güncelleme	E	http://localhost:2078/SOS/ZafiyetDuzenleme.aspx
Raporlama	E	http://localhost:2078/SOS/ZafiyetRaporlama.aspx
Parametre	E	http://localhost:2078/SOS/ZafiyetParametre.aspx
Kontrol Yönetimi	M	//SOS/kontrol.html

Tanımlama	E	http://localhost:2078/SOS/KontrolTanimlama.aspx
Güncelleme	E	http://localhost:2078/SOS/KontrolDuzenleme.aspx
Raporlama	E	http://localhost:2078/SOS/KontrolRaporlama.aspx
Parametre	E	http://localhost:2078/SOS/KontrolParametre.aspx
Siber Önlem Sistemi	M	//SOS/sos.html
Tanımlama	E	http://localhost:2078/SOS/SiberTanimlama.aspx
Güncelleme	E	http://localhost:2078/SOS/SiberDuzenleme.aspx
Raporlama	E	http://localhost:2078/SOS/SiberRaporlama.aspx
Parametre	E	http://localhost:2078/SOS/SiberParametre.aspx

5.2.1. Giriş Sayfası

Siber önlem sistemi ana giriş ekranı html tasarımı şeklinde, alt modüller ise ASP.NET üzerinde geliştirilmiştir. Giriş ekran özellikleri Tablo 5.3'de verilmektedir.

Tablo 5.3.Uygulama Giriş Ekran ve Özellikleri

Sayfa Adı	Index.aspx
Kullanıcı	İlgili kullanıcı yada kullanıcılar

Ekran Görüntüsü	
Yapılan İşlemler	Ana sayfa üzerinde uygulamaya ait varlık yönetimi, tehdit yönetimi, zafiyet yönetimi, kontrol yönetimi ve siber önlem sistem alt modüllerine doğrudan erişim yapabilen bağlantılar yer almaktadır. Ayrıca uygulama tanıtımı, iletişim bilgileri, internet üzerinde arama, ilgili kaynaklara doğrudan erişebilmeyi mümkün kılacak şekilde görsel olarak tasarlanmıştır.
Kullanılan Nesneler	Html, Panel, Tablo, Resim, buton, hareketli nesneler

5.2.2. Varlık Yönetim Modülü

Siber saldırılara karşı kurumda korunması istenen varlıkların tanımlanması, güncellenmesi, raporlanması amacıyla geliştirilen ekranlar bu modül altında toplanmıştır. Modül içerisinde kullanılan varlık parametre veri tabanı tablo değerlerinin gösterilmesi de bu bölümde ele alınmıştır.

5.2.2.1. Varlık Tanımlama Ekranı

Siber saldırılara karşı korunması istenen varlıkların sistem üzerine tanımlanması gerçekleştirilir. Bu ekran sayesinde varlığa ilişkin tür, kategori, varlık değeri, üretici, IP adresi ve işletim sistemi, veritabanı, port gibi detaylı sistem bilgileri, lokasyon bilgileri, kullanıcı ve erişim güvenliğine ilişkin bilgiler, varlık sahibi ve iletişim bilgileri gibi uygulamanın her bir aşamasında gerekli olabilecek tüm bilgilerin kayıt altına alınması sağlanır. 'Varlık Tanımlama' ekran görüntüsü Şekil 5.4'de gösterilmektedir.

Şekil 5.4 Varlık Yönetimi Modülü - Varlık Tanımlama Ekranı

Ekran üzerinde yer alan varlık türü, varlık ana kategori, varlık alt kategori, varlık değer, port numarası, işletim sistemi, veri tabanı değerleri veritabanı üzerinde yer alan parametre tabloları üzerinden seçim yapılacak şekilde tasarlanmıştır

Varlık tanımına ilişkin sayfa adı, kullanıcı, veri tabanı tabloları, ekran ve kullanımına ilişkin detay bilgiler Tablo 5.4'de açıklanmaktadır.

Tablo 5.4 Varlık Tanımlama Ekranı

Sayfa Adı	VarlikTanimlama.aspx
Kullanıcı	SOS Yetkili Kullanıcısı
Ekran Görüntüs ü	
Yapılan İşlemler	**“Kaydet”** düğmesine tıklandığında varlık SOS sistemine eklenir. Kayıt yapılırken aşağıdaki kurallar uygulanır; • Varlık türü, varlık ana kategorisi, varlık alt kategori adı kategorileri boş geçilemez, • Varlık tanımlanırken ‘varlık adı’ alanının dolu olması beklenir,
Kullanıla n Nesneler	Button, Panel, Table, DropDownList, Label, Textbox, Gridview, RadioButtonList
VT Tabloları	SOS_Varliklar, SOS_Varlik_Turler, SOS_Valik_AnaKategoriler, SOS_Varlik_AltKategoriler, SOS_Varlik_Degerler, SOS_Portlar, SOS_IsletimSistemler, SOS_VeriTabanlar

5.2.2.2. Varlık Güncelleme Ekranı

Bilgi ve sistem varlıklarının güncellenebilmesi için geliştirilen ekrandır. Ekran içerisine girildiğinde öncelikle güncellemesi yapılacak varlık seçimi yapılır. Bunu gerçekleştirebilmek için çeşitli seçim alanlarıyla donatılmış ön bir bölüm oluşturulmuştur. Bu bölümden seçim yapılan kriterlere uygun varlıklar listelenir, güncellenmesi yapılacak kayıt için liste üzerinde 'Düzenle' butonuna basılarak ilgili varlığa ilişkin bilgilere erişilir. Şekil 5.5'de varlığa ait 'lokasyon' bilgisi 'BİM' olarak seçilen kayıtların listelenmesine ait ekran görüntüsü yer almaktadır.

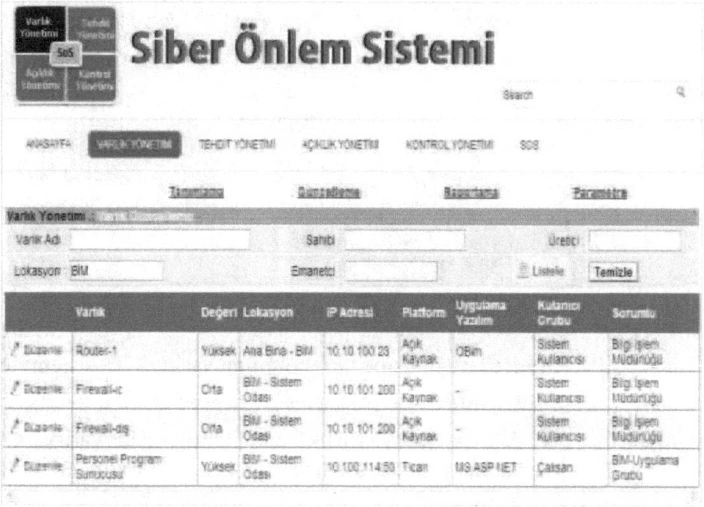

Şekil 5.5 Varlık Güncelleme Ekranı-Varlık Seçim Bölümü

Varlık seçimine alternatif seçeneklerle kolaylıkla erişebilmek amacıyla varlık adı, sahibi, üreticisi, lokasyon, teknik sorumlu(emanetçi) çoklu seçim alanları eklenmiştir. Seçim alanlarının biri ya da bir kaçına istenilen değerler girildikten sonra 'Listele' düğmesine basıldığında seçim yapılan kriterlere uygun kayıtlar listelenmesi sağlanmıştır. SQL sorgusunda 'like' terimi ile eşleştirme yapılmıştır. Listeleme de varlık adı, değeri, yerleşim yeri, IP adresi, uygulama platformu, uygulama yazılımı, kullanıcı grubu ve varlık sorumlu bilgilerine yer verilmiştir. 'Temizle' düğmesine tıklandığında ise ilgili varlık secim alanları boşaltılarak yeniden istenilen seçimin girilmesine olanak verilir.

Tablo 5.5 Varlık Güncelleme Ekranı

Sayfa Adı	VarlikGuncelleme.aspx
Kullanıcı	SOS Yetkili Kullanıcısı
Ekran Görüntüsü	
Yapılan İşlemler	İlgili alanlar üzerinde istenilen düzenlemeler yapıldıktan sonra ‘**Güncelle**’ düğmesine basıldığında kayda ilişkin güncelleme bilgisi gerçekleştirilir. Bir hata durumunda kullanıcıya hata bilgisi gösterilir. Güncelleme yapmaktan vazgeçilmesi durumunda ‘Kapat’ düğmesi kullanılır, kayıt üzerinde bir değişiklik yapmadan gelinen ekrana geri dönüş sağlanır. Güncelleme yapılırken aşağıdaki kurallar uygulanır; • Varlık türü, varlık ana kategorisi, varlık alt kategori adı kategorileri boş geçilemez, • Varlık tanımlanırken ‘varlık adı’ alanının dolu olması beklenir,
Kullanılan Nesneler	Button, Panel, Table, DropDownList, Label, Textbox, Gridview, RadioButtonList
VT Tabloları	SOS_Varliklar, SOS_Varlik_Turler, SOS_Valik_AnaKategoriler, SOS_Varlik_AltKategoriler, SOS_Varlik_Degerler, SOS_Portlar, SOS_IsletimSistemler, SOS_VeriTabanlar

Listelenen kayıtlar içerisinden istenilen kayıt satırındaki 'Düzenle' düğmesine tıklandığında ise varlık bilgisine ait alanlar güncellemeye hazır halde ekran üzerine doldurulur.

Varlık güncellemesine ilişkin sayfa adı, kullanıcı, veri tabanı tabloları, ekran ve kullanımına ilişkin detay bilgiler Tablo 5.5'de verilmektedir.

5.2.2.3. Varlık Raporlama Ekranı

Bilgi ve sistem varlıklarına ait kapsamlı raporlamaların yapılabildiği ekrandır. Ekranın 'Rapor Kriter Seçim' bölümünden istenilen kriterlere ait seçimler yapılarak 'Listele' düğmesine tıklandığında istenilen kriterlere uygun varlık bilgileri raporlanır. Buna ilişkin ekran görüntüsü Şekil 5.6.a'da gösterilmektedir.

Şekil 5.6.a Varlık Raporlama Ekranı-Varlık Kriter Seçimi

Ekran üzerinden seçim olarak ana kategori üzerinden 'Bilgisayar' seçilmesi durumunda mevcut kayıtlar içerisinde 'ana kategori' bölümünde 'Bilgisayar' geçen tüm kayıtlar listelenmesi sağlanır. İlgili ekran görüntüsü Şekil 5.6.b'de verilmiştir.

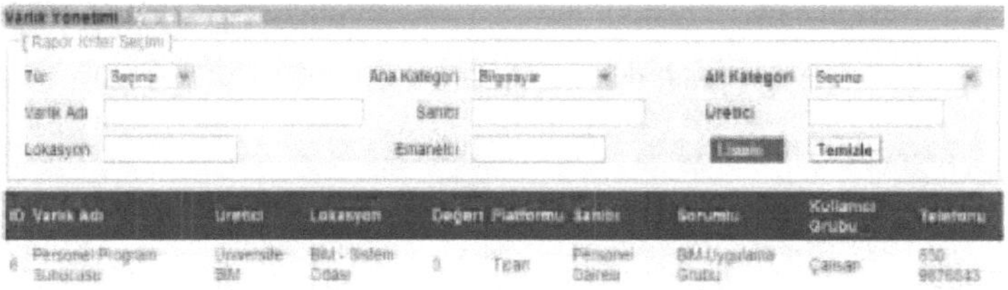

Şekil 5.6.b Varlık Raporlama Ekranı–Seçim Liste Örneği

5.2.2.4. Parametre Ekranı

Varlık tanımlama ekranlarında kullanılan parametrik alanların beslendiği parametre tablolar ve içeriklerin bu ekran sayesinde in gösterildiği ekrandır. Ekran üzerinde ilgili parametre tablolarından istenilen tablo seçimi yapılır. Seçim sonrası ilgili tabloda yer alan bilgiler ekran üzerinden gösterilir. Buna ilişkin örnek ekran görüntüsü Şekil 5.7.a'da yer almaktadır.

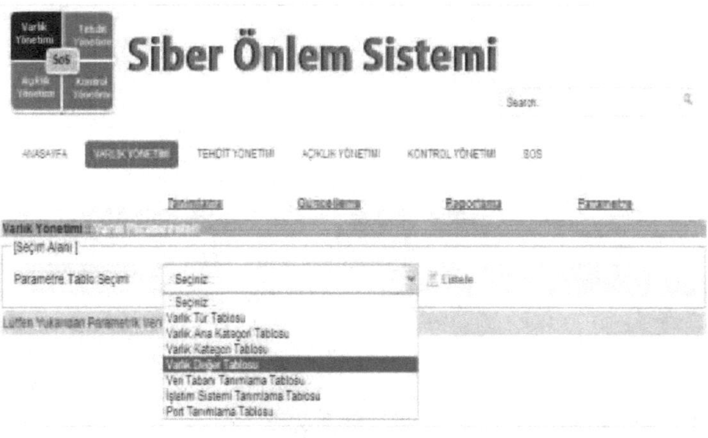

Şekil 5.7.a Varlık Parametre Tablo Seçim Bölümü

Seçim sonrası istenilen parametre tablosuna ait değerler ekran üzerinde gösterilir. Örneğin varlık değerlerin yer aldığı 'SOS_VarlikDegerler' tablosunda yer alan bilgilerin listelendiği ekran görüntüsü ise Şekil 5.7.b'de gösterilmektedir

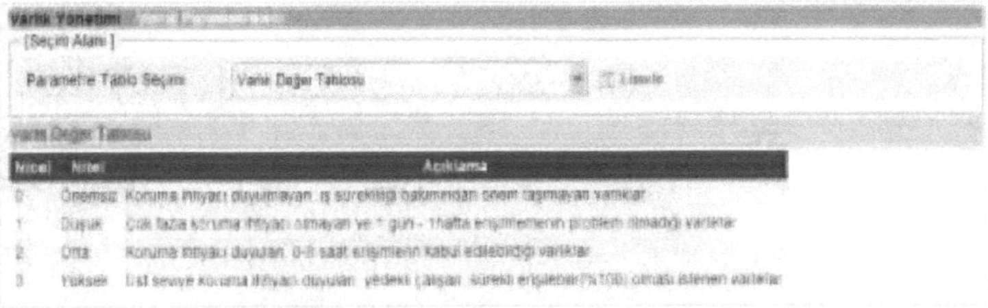

Şekil 5.7.b Varlık Parametre Ekran Örneği

5.2.3. Tehdit Yönetim Modülü

Siber saldırılara karşı korunması istenen varlıkları tehdit eden unsurlara ait güncel bilgilerinin tanımlanması, güncellenmesi, raporlanması amacıyla geliştirilen ekranlar bu modül altında toplanmıştır. Modül içerisinde kullanılan parametre bilgilerine ait ilgili veri tabanı tablo değerlerinin gösterilmesi de bu bölümde ele alınmıştır. Tehdit yönetimine ilişkin ana ekran görüntüsü Şekil 5.7.c de verilmiştir.

Şekil 5.7.c Varlık Parametre Ekran Örneği

5.2.3.1. Tehdit Tanımlama Ekranı

Siber önlem sistemi içerisinde geliştirilen 'Tehdit Tanımlama' ekran görüntüsü Şekil 5.8'de gösterilmektedir. Bu ekran sayesinde varlığa ilişkin tür, kategori, değeri, üretici ve detaylı sistem bilgileri, kullanıcı ve erişim güvenliğine ilişkin bilgiler, varlık sahibi ve iletişim bilgileri gibi uygulamanın her bir aşamasında gerekli olabilecek tüm bilgilerin kayıt altına alınması sağlanmıştır.

Şekil 5.8 Tehdit Tanımlama Ekranı

Ekran üzerinde yer alan tehdit türü, tehdit ve tehdide ait ek bilgilerin tanımlanması sağlanır. Tehdit türü parametre tablosundan seçim yapılarak kayıt edilir. İlgili alanlar doldurulduktan sonra 'Kaydet' düğmesine tıklanarak kayıt gerçekleştirilir.

Ekrana ait sayfa adı; 'TehditTanimlama.aspx'dir. Tehdit bilgileri 'SOS_Tehditler' tablosunda, tehdit tür seçim parametreleri ise 'SOS_Tehdit_Turler' isimli tablo üzerinde tutulmaktadır.

5.2.3.2. Tehdit Güncelleme Ekranı

Tehdit kütüphanesinde yer alan bilgilerin güncellenebilmesi için geliştirilen ekrandır. Ekran içerisine girildiğinde öncelikle güncellemesi yapılacak Tehdit türü, tehdit ve ek bilgi alanlarından biri ya da bir kaçı seçilerek ilgili tehdit bilgileri listelenir. Şekil 5.9.a'da tehdit türü 'insan' olarak seçim yapıldıktan sonra 'Listele' düğmesi ile tehdit kütüphanesinden elde edilen tehdit verilerinin listelenmesi gösterilmektedir.

Şekil 5.9.a Tehdit Güncelleme Ekranı - Tehdit Seçim Bölümü

Listelenen kayıtlar içerisinden istenilen kayıt satırındaki 'Düzenle' düğmesine tıklandığında ise varlık bilgisine ait alanlar güncellemeye hazır halde ekran üzerine doldurularak güncelleme yapılmasına imkân verilir. Tehdit bilgisinde yapılan güncelleme sonrasını da içeren ekran görüntüsü Şekil 5.9.b'de gösterilmektedir.

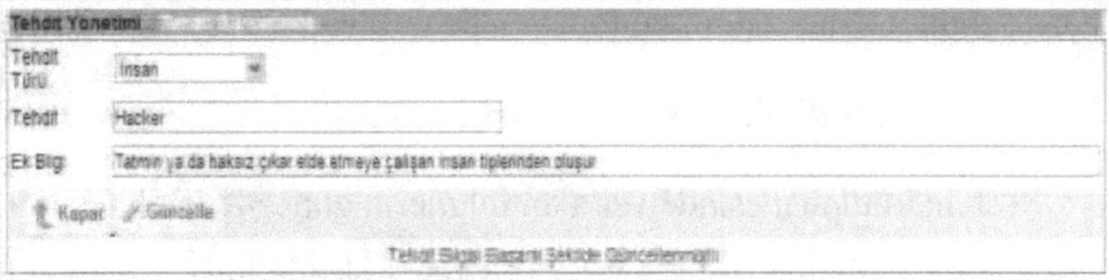

Şekil 5.9.b Tehdit Güncelleme Ekran Örneği

5.2.3.3. Tehdit Raporlama Ekranı

Tehdit kütüphanesinde kayıtlı bilgiler üzerinden çoklu alternatif seçim sonucunda ilgili listelerin elde edildiği ekrandır. Ekranın 'Rapor Kriter Seçim' bölümünden istenilen kriterlere ait seçimler yapılarak 'Listele' düğmesine tıklandığında istenilen kriterlere uygun varlık bilgileri raporlanır. Buna ilişkin ekran görüntüsü Şekil 5.10.a'da gösterilmektedir.

Şekil 5.10.a Tehdit Raporlama Ekranı - Seçim Bölümü

Ekran üzerinden tehdit tür seçimi 'İnsan' olarak seçilmesi durumunda mevcut kayıtlar içerisinden sadece ilgili kayıtların kayıtlar listelenmesi sağlanır. Buna ilişkin örnek ekran görüntüsü Şekil 5.10-b'de verilmiştir. Benzer şekilde diğer seçim kriterleri de kullanılabilir.

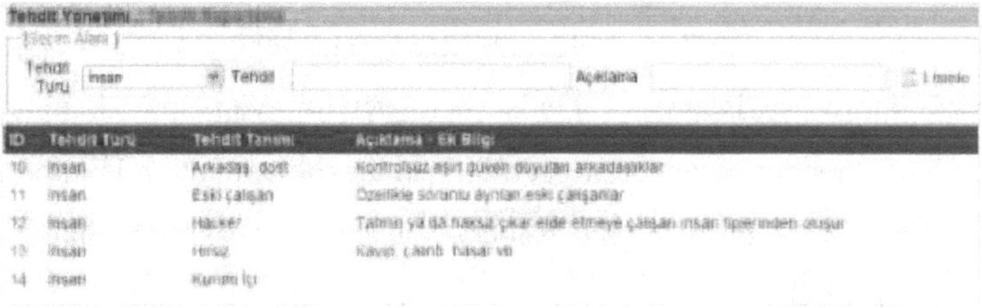

Şekil 5.10.b Tehdit Raporlama Ekranı–Seçim Liste Örneği

5.2.3.4. Tehdit Parametre Ekranı

Tehdit yönetim modülünde kullanılan ekranlarında parametrik alanların beslendiği parametre tablolar ve içeriklerinin gösterilmesi sağlanır. Bu modül üzerinde tek bir parametre tablosu olan Ekran üzerinde ilgili parametre 'SOS_Tehdit_Turler' tablosu yer aldığından bu tablo içindeki değerlerin listelenmesi sağlanmaktadır. Buna ilişkin örnek ekran görüntüsü Şekil 5.11'de yer almaktadır.

Şekil 5.11 Tehdit Parametre Ekranı

5.2.4. Açıklık Yönetim Modülü

Siber saldırılarda tehditler varlık üzerindeki zafiyetleri sömürmeye çalışırlar. Varlıklar üzerinde yer alabilecek açıklıklara güncel belli başlı açıklık bilgilerinin önceden tanımlanması, güncellenmesi, raporlanması amacıyla geliştirmiştir.

Modül içerisinde açıklık parametre veri tabanı tablo değerlerinin gösterilmesi sağlanmıştır. Geliştirilen açıklık yönetim ekranları aracılığıyla siber güvenliğe ilişkin bilinen açıklıkların yanında kurum içerisinde yapılan güvenlik testleri sonucunda keşfedilen açıklık verilerine ait detay bilgilere CVE (http://www.cvedetails.com/) benzeri güncel açıklık bilgilerinin internet üzerinden yayınlandığı açıklık veri tabanlarından da ulaşılabilir.

5.2.4.1. Açıklık Tanımlama Ekranı

Siber önlem sistemi içerisinde geliştirilen 'Zafiyet Tanımlama' ekran görüntüsü Şekil 5.12'degösterilmektedir. Bu ekran sayesinde tehdit türü ve tanımı yanında zafiyete ilişkin ek bilgilerin tanımlanması da gerçekleştirilir.

Şekil 5.12 Zafiyet Tanımlama Ekranı

Ekran üzerinde yer alan zafiyet türü, zafiyet ve açıklık bilgisine dair ek bilgiler ile bu bilgilere ilişkin detay ve güncel bilgilerin ulaşılmasını sağlayan CVE referans ID ve internet adres bilgilerinin tanımlanması sağlanır. Zafiyet tür bilgileri zafiyet tür tablosundan parametrik olarak seçilir. Ekran üzerinde yer alan tüm alanlar güncel bilgilerle doldurulduktan sonra 'Kaydet' düğmesine tıklanarak kayıt gerçekleştirilir.

Ekrana ait sayfa adı; 'ZafiyetTanimlama.aspx'dir. Zafiyet bilgileri veritabanın da 'SOS_Zafiyetler' tablosuna kayıt edilmekte, zafiyet türleri ise 'SOS_Zafiyet_Turler' tablosundan seçilmektedir.

5.2.4.1. Açıklık Güncelleme Ekranı

Açıklık kütüphanesinde yer alan bilgilerin güncellenebilmesi için geliştirilen ekrandır. Ekran içerisine girildiğinde öncelikle güncellemesi yapılacak zafiyet türü, zafiyet ve ek bilgi alanlarından biri ya da bir kaçı seçilerek ilgili zafiyet bilgileri listelenir. Şekil 13.a'da CVE sisteminde kayıtlı olan güncel zafiyet türleri listelenmektedir. Bu seçim alanından ya da diğer seçim alanlarından yapılacak seçim yapıldıktan sonra 'Listele' düğmesine basılarak zafiyet kütüphanesinden elde edilen verilerinin listelenmesi sağlanır.

Şekil 5.13.a Açıklık Güncelleme Ekranı - Varlık Seçim Bölümü

Listelenen kayıtlar içerisinden istenilen kayıt satırındaki 'Düzenle' düğmesine tıklandığında ise ilgili zafiyet bilgisine ait alanlar güncellemeye hazır halde ekran üzerine doldurularak güncelleme yapılmasına imkân verilir. Zafiyet bilgisi seçimi sonrasında elde edilen liste ve bu liste üzerinde seçim sonrasında gerekli alanların güncellemesi sonrasında elde edilen ekran görüntüsü Şekil 5.13.b gösterilmektedir.

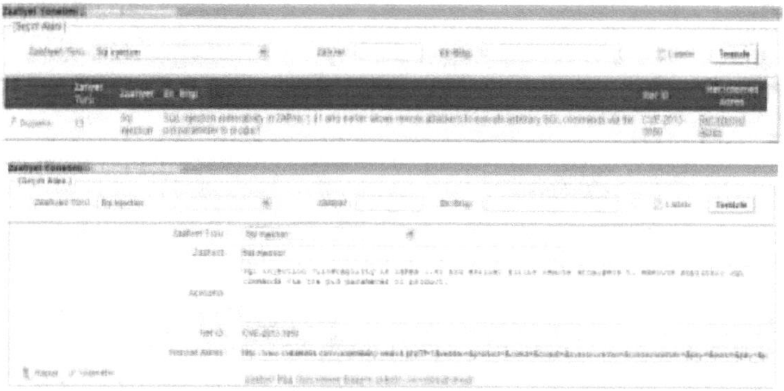

Şekil 5.13.b Zafiyet Güncelleme Ekran Örnekler

5.2.4.2. Açıklık Raporlama Ekranı

Zafiyet kütüphanesinde kayıtlı bilgiler üzerinden çoklu alternatif seçim sonucunda ilgili listelerin elde edildiği ekrandır. Ekranın 'Rapor Kriter Seçim' bölümünden istenilen kriterlere ait seçimler yapılarak 'Listele' düğmesine tıklandığında istenilen kriterlere uygun varlık bilgileri raporlanır. Buna ilişkin ekran görüntüsü Şekil 5.4.a'da gösterilmektedir.

Şekil 5.14.a Açıklık Raporlama Ekranı - Seçim Bölümü

Ekran üzerinden açıklık tür seçimi 'Denial of Service' olarak seçilmesi durumunda mevcut kayıtlar içerisinden var olan ilgili kayıtların kayıtlar listelenmesi sağlanır. Buna ilişkin örnek ekran görüntüsü Şekil 5.14.b'de verilmiştir. Benzer şekilde diğer seçim kriterleri de kullanılabilir.

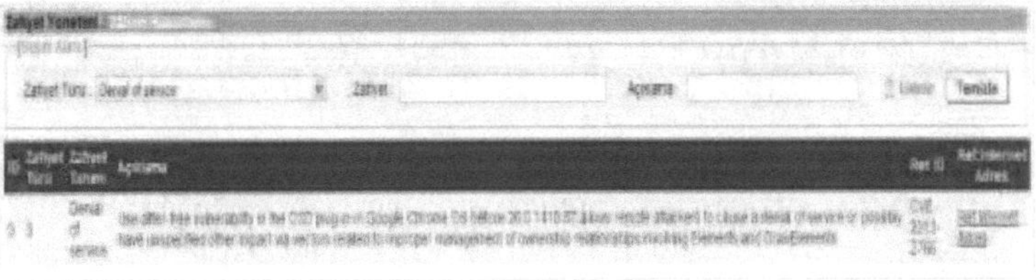

Şekil 5.14.b Açıklık Raporlama Ekranı–Seçim Liste Örneği

Seçim sonucunda oluşan liste üzerinde 'Ref:Internet Adres' kolonunda yer alan internet bağlantısı yardımıyla ilgili açıklığa ilişkin güncel ve kapsamlı detay bilgilere ulaşılması sağlanır. Buna ilişkin örnek Cross-Site Scripting(XSS) açıklığına ilişkin yönlendirilen sayfa görüntüsü Şekil 5.14-c'de verilmiştir.

Şekil 5.14.c Açıklık Bilgi Ekranı

5.2.4.4. Açıklık Parametre Ekranı

Açıklık yönetim modülünde kullanılan ekranlarında parametrik alanların beslendiği parametre tablolar ve içeriklerinin gösterilmesi sağlanır. Bu modül üzerinde tek bir parametre tablosu olan Ekran üzerinde ilgili parametre 'SOS_Zafiyet_Turler' tablosu yer aldığından bu tablo içindeki değerlerin listelenmesi sağlanmaktadır. Buna ilişkin örnek ekran görüntüsü Şekil 5.15'de yer almaktadır.

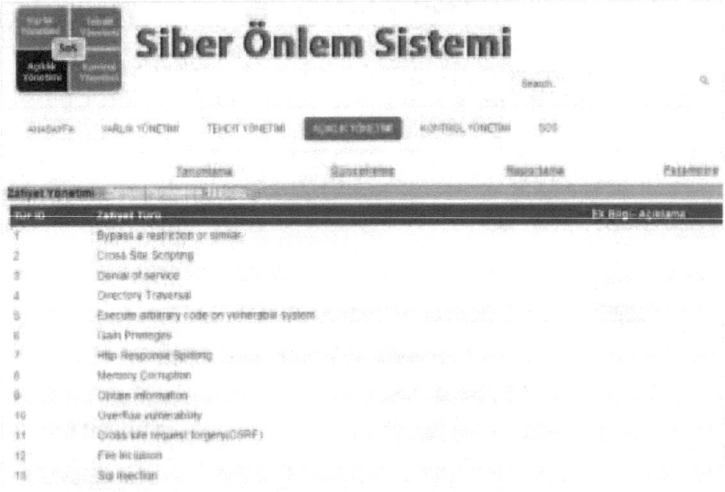

Şekil 5.15 Zafiyet Parametre Ekranı

5.2.5. Kontrol Yönetim Modülü

Siber tehditlere karşı alınması gereken uluslararası en iyi yaklaşımlar, ISO/IEC 27001, ISO/IEC 27005, NIST, COBIT, PCI DSS vb. uluslararası standart kontrol gereksinimleri karşılar. Ayrıca kurum içi ya da bağlı olduğu yasal düzenleyici kurumların kanun ve/veya yönetmelikleri gereği istenilen kontrolleri toplu olarak bir katalog şeklinde bir arada tutmasını sağlayarak bir şekilde siber güvenlik kontrol kütüphanesi oluşturmak için geliştirilmiştir.

Uygulama sayesinde kontrol bilgilerinin tanımlanması, güncellenmesi, raporlanması amacıyla ekranlar bu modül altında toplanmıştır. Modül içerisinde kullanılan kontrol parametre veri tabanı tablolarının seçimi ve gösterimi bu bölümde ele alınmıştır.

5.2.5.1. Kontrol Tanımlama Ekranı

Siber önlem sistemi içerisinde geliştirilen 'Kontrol Tanımlama' ekranı Şekil 5.16'dagösterilmektedir. Bu ekran sayesinde varlığa ilişkin tür, kategori, değeri, üretici ve detaylı sistem bilgileri, kullanıcı ve erişim güvenliğine ilişkin bilgiler, varlık sahibi ve iletişim bilgileri gibi uygulamanın her bir aşamasında gerekli olabilecek tüm bilgilerin kayıt altına alınması sağlanmıştır.

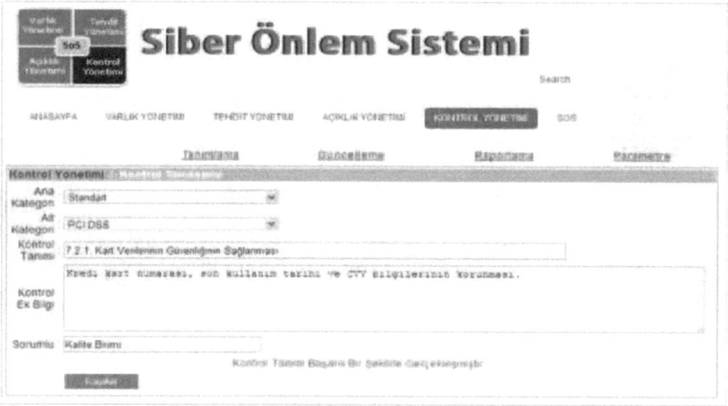

Şekil 5.16 Kontrol Tanımlama Ekranı

Ekran üzerinde yer alan 'ana kategori' seçim alanıyla kontrolün kontrol türü, 'alt kategori' ile ilgili türe ait alt kategori bilgisi, kontrol 'ün tanımı, detayı, kontrolün güncelliğinden sorumlu kişi bilgilerinin tanımlanması sağlanır. 'Ana Kategori' ve 'Alt Kategori' bilgileri parametre tablosundan seçim yapılarak kayıt edilir. İlgili alanlar doldurulduktan sonra 'Kaydet' düğmesine tıklanarak kayıt gerçekleştirilir.

Ekrana ait sayfa adı; 'KontrolTanimlama.aspx' dir. Ana kontrol bilgisi 'SOS_Kontrol_Ana_Kategoriler' tablosundan, alt kategori bilgisi 'SOS_Kontrol_Alt_Kategoriler' tablosundan seçilir, kontrol bilgileri 'SOS_Kontroller' tablosuna işlenir.

5.2.5.2. Kontrol Güncelleme Ekranı

Kontrol kütüphanesinde yer alan bilgilerin güncellenebilmesi için geliştirilen ekrandır. Ekran içerisine girildiğinde öncelikle güncellemesi yapılacak Tehdit türü, tehdit ve ek bilgi alanlarından biri ya da bir kaçı seçilerek ilgili tehdit bilgileri listelenir. Şekil 5.17.a'da tehdit türü 'insan' olarak seçim yapıldıktan sonra 'Listele' düğmesine basıldıktan sonra tehdit kütüphanesinden elde edilen tehdit verilerinin listelenmesi gösterilmektedir.

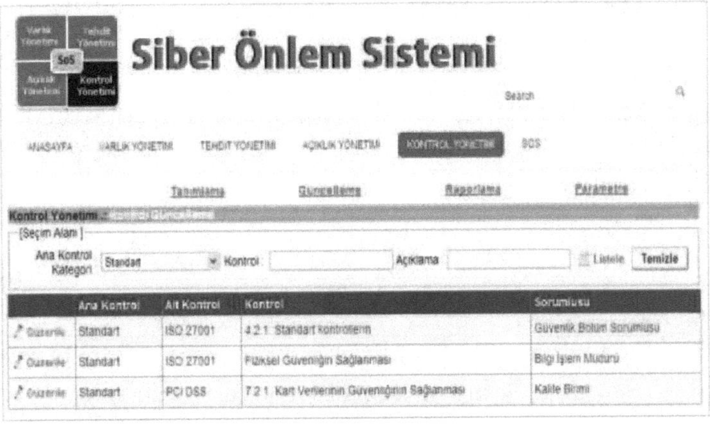

Şekil 5.17.a Kontrol Güncelleme Ekranı- Seçim Bölümü

Listelenen kayıtlar içerisinden istenilen kayıt satırındaki 'Düzenle' düğmesine tıklandığında ise varlık bilgisine ait alanlar güncellemeye hazır halde ekran üzerine doldurularak güncelleme yapılmasına imkân verilir.

Kontrol bilgisinde yapılan güncelleme sonrasını da içeren ekran görüntüsü Şekil 5.17.b'de gösterilmektedir.

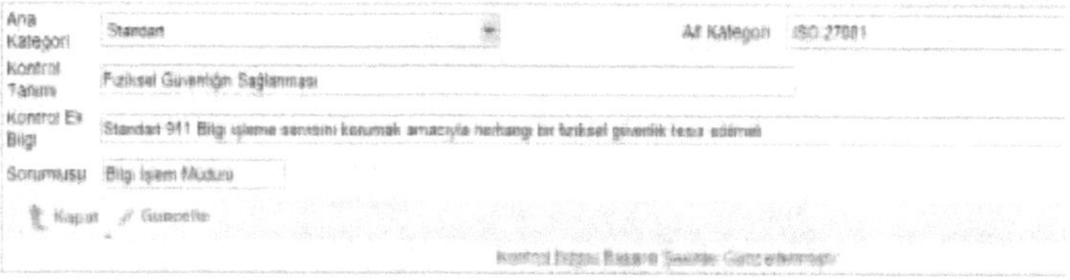

Şekil 5.17.b Kontrol Bilgisi Güncelleme Ekran Örneği

5.2.5.3. Kontrol Raporlama Ekranı

Kontrol kütüphanesinde kayıtlı bilgiler üzerinden çoklu alternatif seçim sonucunda ilgili listelerin elde edildiği ekrandır. Ekranın 'Rapor Kriter Seçim' bölümünden istenilen kriterlere ait seçimler yapıldıktan sonra 'Listele' düğmesine tıklandığında istenilen kriterlere uygun varlık bilgileri raporlanır. Buna ilişkin ekran görüntüsü Şekil 5.18.a'da gösterilmektedir.

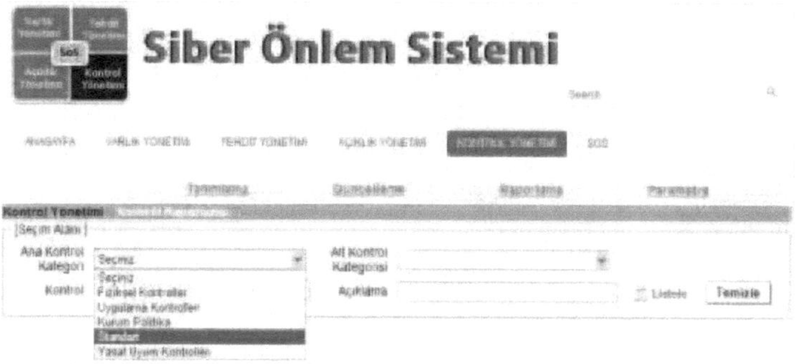

Şekil 5.18.a Kontrol Raporlama Ekranı - Seçim Bölümü

Ekran üzerinden kontrol ana kategori seçimi 'Standart', alt kategori 'ISO 27001' olarak seçilmesi durumunda mevcut kayıtlar içerisinden sadece ilgili kayıtların kayıtlar listelenmesi sağlanır. Buna ilişkin örnek ekran görüntüsü Şekil 5.18.b'de verilmiştir. Benzer şekilde diğer seçim alanları da kullanılabilir.

Şekil 5.18.b Kontrol Raporlama Ekranı–Seçim Liste Örneği

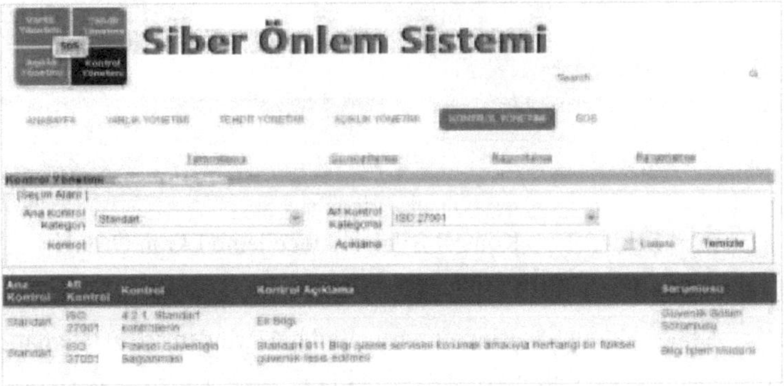

5.2.5.4. Kontrol Parametre Ekranı

Kontrol modülün ekranlarında kullanılan parametrik alanların beslendiği parametre tablolar ve içeriklerin bu ekran sayesinde in gösterildiği ekrandır. Ekran üzerinde ilgili parametre tablolarından istenilen tablo seçimi yapılır. Seçim sonrası ilgili tabloda yer alan bilgiler ekran üzerinden gösterilir. Buna ilişkin örnek ekran görüntüsü Şekil 5.19-a'da yer almaktadır.

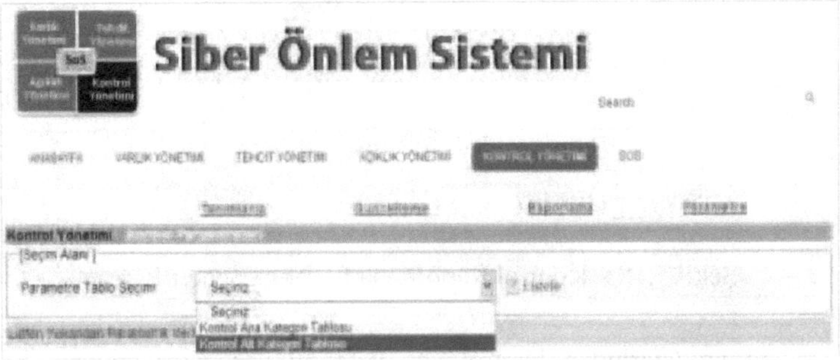

Şekil 5.19.a Kontrol Parametre Tablo Seçim Bölümü

Seçim sonrası istenilen parametre tablosuna ait değerler ekran üzerinde gösterilir. Örneğin 'kontrol alt kategori' seçilmesi durumunda 'SOS_Kontrol_Alt_Kategoriler' tablosunda yer alan bilgilerin bir bölümüne ait ekran Şekil 5.19.b'de gösterilmektedir

Şekil 5.19.b Kontrol Parametre Ekran Örneği

5.2.6. Siber Önlem Sistemi

Siber saldırılara karşı kurumda korunması istenen varlıklar üzerinde bir tehdide karşılık zayıflık tespiti yapılması durumunda sırayla varlık, tehdit, zafiyet, kontrol kütüphanelerinden ilgili bilgilerin seçiminin yapıldığı, bunların yönetildiği ve raporlandığı modüldür. Modül ana ekranı Şekil 5.20'de gösterilmektedir.

Şekil 5.20 Siber Önlem Modül Ana Görünümü

5.2.6.1. Siber Önlem Tanımlama Ekranı

Siber önlem sistemi içerisinde geliştirilen siber önlem bilgilerinin tanımlanmasında varlık, tehdit, açıklık ve kontrol modüllerinin her birinden yararlanılarak ilgili kütüphanelerden gerekli bilgilerin seçimi gerçekleştirildikten sonra bu zafiyeti önleyici strateji tanımları yapılır. Öncelikle açıklık tespiti yapılan varlık seçimi yapılır. Buna ilişkin ekran görüntüsü Şekil 5.20.a ve b'de gösterilmektedir.

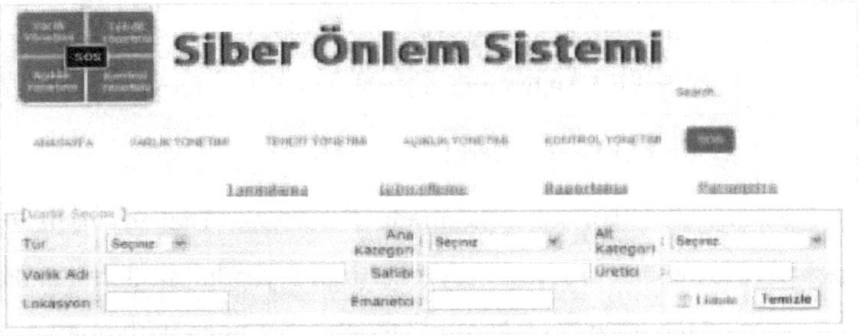

Şekil 5.20.a Siber Varlık Seçim Bölümü

İlgili parametrelerin bir ya da bir kaçı kullanarak istenilen kritere uygun varlıklar listelenir ve bu liste üzerinden istenilen varlık '+' düğmesi yardımı ile seçimi yapılır.

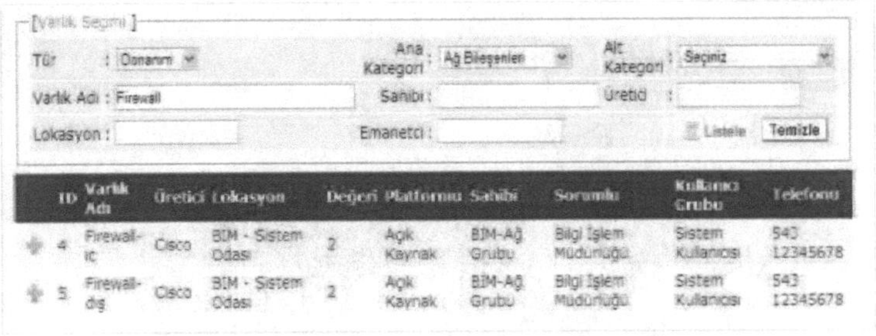

Şekil 5.20.b Siber Varlık Seçim Liste Bölümü

Varlık seçiminden sonra ilgili tehdit seçimi varlık seçimine benzer şekilde seçilir. Buna ilişkin ekran görüntüsü Şekil 5.20.c'de gösterilmektedir.

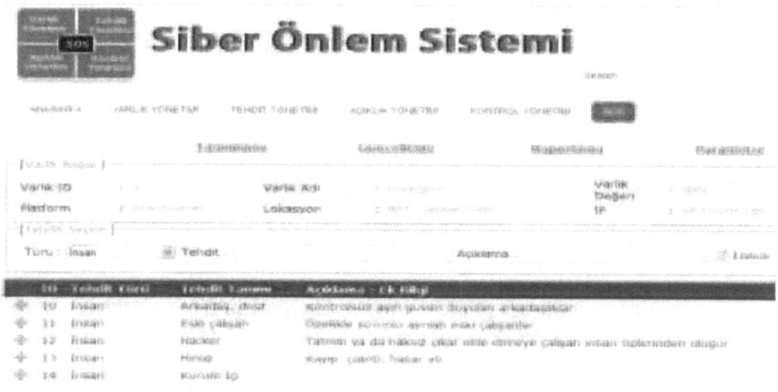

Şekil 5.20.c Siber Tehdit Seçim Bölümü

Varlık ve tehdit bilgisi seçiminden sonra seçilen tehdidin hangi açıklığı kullanacağını belirlemeye yönelik ilgili zafiyet bilgisi seçimi yapılır. Daha sonra zafiyetin varlık üzerindeki gizlilik, bütünlük ve erişilebilirlik niteliklerine etki seçimi yapılır. Buna ilişkin örnek ekran Şekil 5.20.d'de gösterilmektedir.

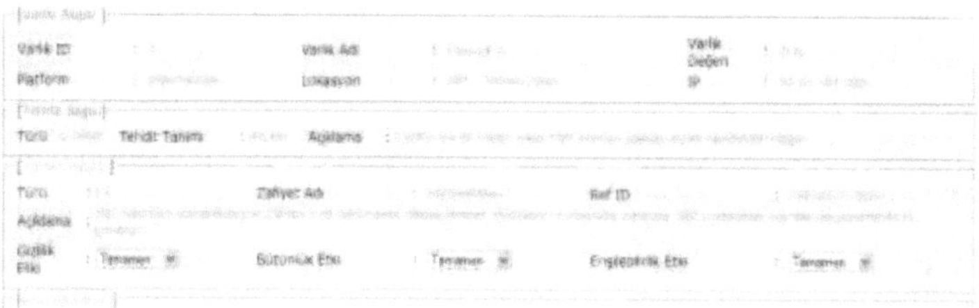

Şekil 5.20.d Siber Zafiyet Seçim Bölümü

Varlık, tehdit, zafiyet bilgileri seçiminden sonra buna ilişkin her hangi bir yasal düzenleme, standart türü daha önce kontrol kütüphanesinde kayıtlı varsa ilgili kontrol seçimi yapılır, yoksa önce kontrol kataloğuna gerekli güncellemeler yapılarak devam edilir. Buna ilişkin örnek ekran görüntüsü Şekil 5.20.e'de gösterilmektedir.

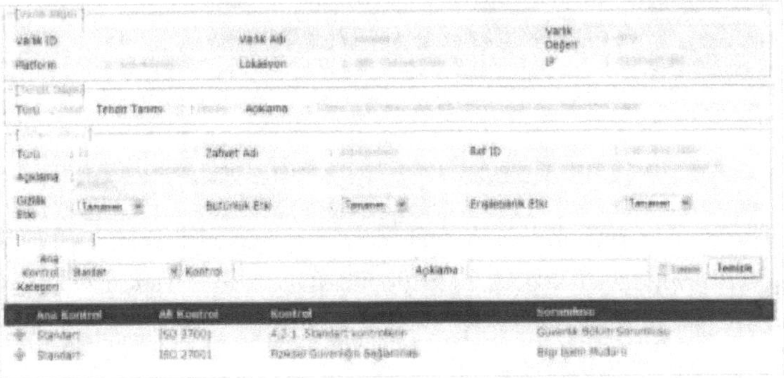

Şekil 5.20.e Siber Kontrol Seçim Bölümü

Kontrol seçimi sonrası konulacak bu kontrole ilişkin kontrol tipi ve yöntem bilgisi seçilir. Siber tehdit ve zafiyeti önleyici önlem plan detayı, sorumluluk derecesi, hedef tarih ve takibini gerçekleştirecek sorumlu bilgileri kaydedilir.

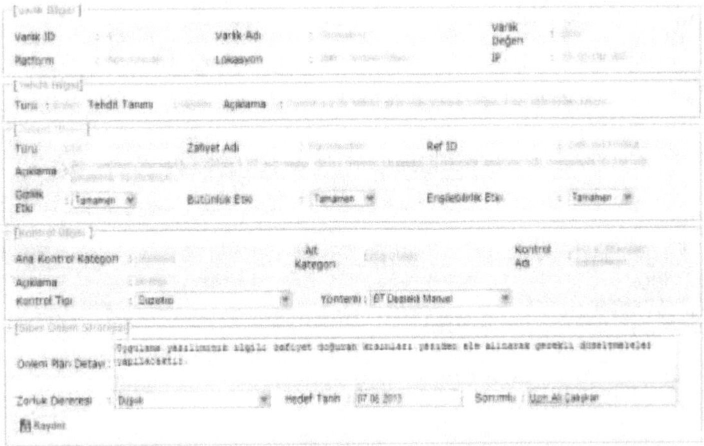

Şekil 5.20.f Siber Önlem Strateji Kayıt Bölümü

Siber önlem strateji plan tanımlarını gerçekleştirildiği ekrana ait görüntü Şekil 5.20.f de gösterilmektedir. Böylece plana ilişkin detay bilgi, zorluk derecesi, hedef tarih ve takip sorumlusu bilgileri kayıt altına alınır.

5.2.6.2. Siber Önlem Güncelleme Ekranı

Siber önlem sistemi üzerine kayıt edilmiş olan siber önlem stratejileri planında yer alan hususlarla ilgili bir aksiyon, önlem alınması ya da strateji planında güncelleme işlemlerinin gerçekleştirilebildiği ekrandır. Bu ekran sayesinde uygulamayla siber önlem sistemine strateji planlarının takip ve güncellenmeleri gerçekleştirilir.

Strateji plan durumu, plan detayı ve sorumlu seçim alanlarından biri ya da bir kaçının seçimi sonucunda ilgili kayıtlara ait varlık adı, zafiyet, tehdit ve ek bilgi alanlarından biri ya da bir kaçı seçilerek ilgili tehdit bilgileri listelenir. Siber önlem güncelleme ekranına ait görüntü Şekil 5.21 a'da gösterilmektedir.

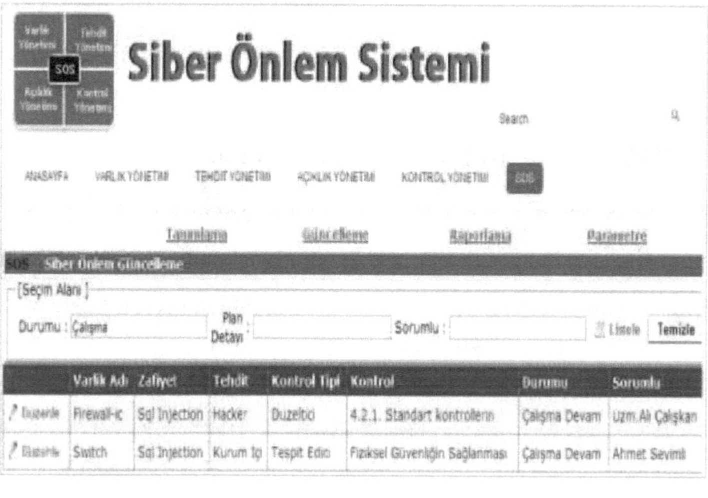

Şekil 5.21.a Siber Önlem Güncelleme Ekranı- Seçim Bölümü

Listelenen kayıtlar içerisinden istenilen kayıt satırındaki 'Düzenle' düğmesine tıklandığında ise siber önlem stratejisine ait bilgi alanları güncellemeye hazır halde ekran üzerine doldurularak güncelleme yapılmasına imkân verilir.

Siber Önlem güncelleme ekran görüntüsü Şekil 5.21.b'de gösterilmektedir.

Şekil 5.21.b Siber Önlem Bilgisi Güncelleme Ekran Örneği

5.2.6.3. Siber Önlem Raporlama Ekranı

Siber önlem sisteminde kayıtlı bilgiler üzerinden çoklu alternatif seçim sonucunda ilgili listelerin elde edildiği ekrandır. Ekranın 'Rapor Kriter Seçim' bölümünden kriter seçimi yapıldıktan sonra 'Listele' ile kriterlere uygun varlık bilgileri Şekil 5.22'deki gibi raporlanır.

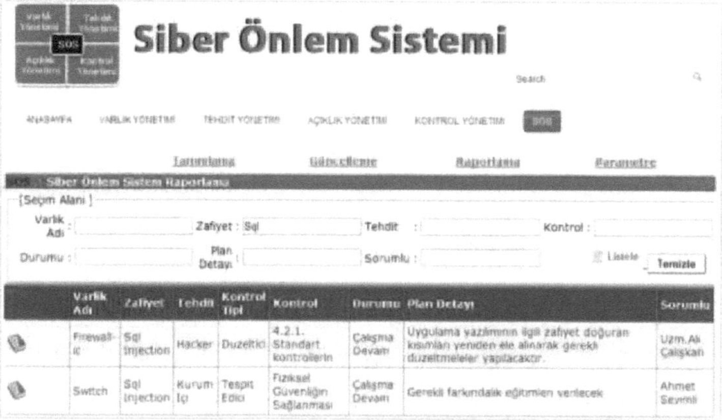

Şekil 5.22 Siber Önlem Raporlama Ekranı - Seçim Bölümü

Ekran üzerinden varlık adı, zafiyet, tehdit, kontrol, siber önlem durumu, plan detayı, sorumlu alanlarından oluşan çoklu seçim alanlarından biri ya da bir kaçı seçilerek ilgili kayıtlar listelenir. Listelen kayıtlar üzenden ilgili kayıt seçimi yapılarak detay bilgilere ulaşılabilir. Uygulama sayesinde kurumların ihtiyaç duyacağı özet raporların elde edilmesi mümkündür. Şekil 5.23'de önek bazı özet raporlar verilmiştir.

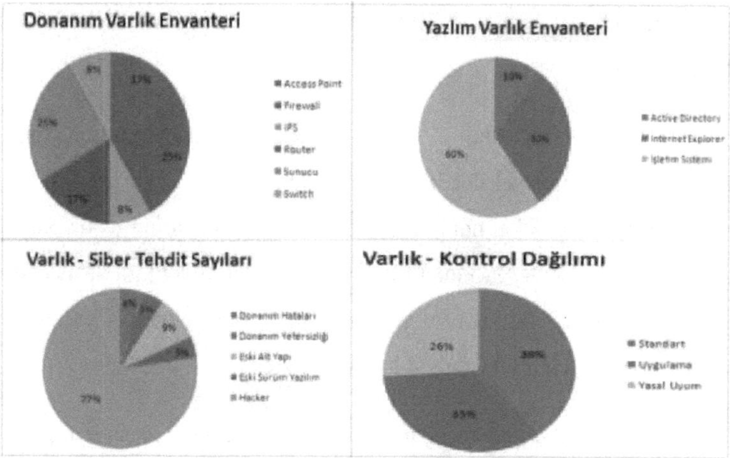

Şekil 5.23 Siber Önlem Özet Rapor Ekran Örnekleri

SONUÇ DEĞERLENDİRME

Bu çalışmada, ağ ve bilgi güvenliğini tehdit eden siber saldırılara karşı dayanıklı bir ağ mimarisi oluşturmayı, oluşabilecek açıklıklara karşı sistemi test edilmesini ve elde edilecek sonuçların bir yazılım üzerinden sürdürülebilir şekilde takibini gerçekleştirmiştir.

Siber güvenlik, bilgi sistemleri için oldukça önemli hale gelmiştir. Özellikle hedef odaklı siber saldırıların önlenmesi için etkin koruma tedbirleri alınarak siber tehdit riski azaltılmalıdır. İnsan ve makine etkileşim ve bağımlılığı her geçen gün hızla artmaktadır. İş, yaşam ve sosyal hayatın bu ortamlar üzerine taşınmasıyla canlı ve cansız nesneler den oluşan siber dünyada bu nesneler arasındaki ilişkiler daha da bağımlı ve bağlantılı hale gelecektir. Kritik bilgilerin tutulduğu veri tabanları web ve portal uygulamaları güvenli olmak zorundadır. Tam güvenliğin mümkün olmadığı siber dünyada zafiyetler en aza indirgenmelidir. Kişisel, kurumsal ve bölgesel etkiler çalışmanın ikinci bölümünde ele alınarak ülkemizde ve dünyada bu alanda yapılan çalışmalara bağlı olarak uyulması gereken standartlara atıfta bulunulmuştur.

Üçüncü bölümünde ise bilişim teknoloji uzmanlarının bilgi sistemlerini güvenli şekilde kurmalarına katkı sağlamak amacıyla siber saldırılara karşı çok katmanlı güvenlik mimarisi oluşturulmuştur. Siber güvenliği temel unsurlarından olan son kullanıcı güvenliği, ağ işletim güvenliği, veri işletim güvenliği ve kurumsal siber güvenlik yönetimi oluşturularak güvenli bir alt yapı tasarlanmıştır.

İnternetten çeşitli formlar aracılığı ile sistemler üzerinde bilinen çoğu açıklıklar ve sızma şekilleri açıkça tartışılmakta ve ne şekilde ele geçirileceğine ilişkin yöntemin video kayıtları yayınlanmaktadır. Siber korsanlar için bulması ve denemesi çok kolay olan ve bilgi yönünden ise çok fazla programlama gerektirmeyen hazır siber saldırı kodları çalıştırılarak sistemler kolayca ele geçirilebilmektedir. Maalesef bu tür bilinçli veya bilinçsiz saldırılar ile hedeflere beklenmedik zararlar vermektedir. Buna benzer sorunlara önceden tedbir olabilmesi amacıyla dördüncü bölümde bilgi sistemleri üzerinde yapılması gereken sızma test metodolojisi baştan sona kurgulanmıştır. Bu alanda standarttalar ve dünyada benimsenen kılavuz kaynaklar üzerinde ciddi bir araştırma yapılmıştır. Test işlem aşamasında gerekli olacak yazılımların ücretsiz ve herkesin rahatlıkla ulaşabileceği açık kaynaklı modüller olmasına özen gösterilmiştir. Sistem üzerinde daha çok hangi alanlarda açıklık kontrol yapılmasını ve o açıklığa ilişkin hangi modüllün ne şekilde kullanılacağı adım adım açıklanmıştır. Test işlemi sonucunda varlıklar üzerinde tespit edilen güvenlik açıklıklarının etkilerinin doğrulanarak nihai sonuçların raporlanma işlemi işlem sırasına göre anlatılmıştır. Doğru ve standartlara uygun bir güvenlik yapılanması nasıl olması gerektiği, varlık-açıklık ilişkisi, yapılacak güvenlik sızma testine ait yöntem ve uygulama biçimleri bu bölümde detaylandırılmıştır.

Bu eserin son bölümünde örnek bir uygulama ile zenginleştirilmiştir. Her geçen gün sayıları ve türleri sürekli artabilen varlık, tehdit ve açıklıklar ile bunlara karşı düşünülen önlem ya da aksiyonların takibinin sağlıklı yapılabilmesi için bunların bir arada yürütülebildiği bütünleşmiş bir uygulama çözüm olarak geliştirilmiştir. Kurumların siber saldırılara karşı kendilerini koruyabilecekleri önceden varlıklarını, varlıklar üzerindeki açıklıkları işleyebilecekleri, bunları önlemede bilinen en iyi pratik, standart, yasal uyum veya diğer ihtiyaç duydukları gereksinimlere ilişkin kontrolleri ilgili sistemden seçerek işleyebilecekleri, tüm bunları tek elden etkin biçimde yönetebilmek amacıyla internet tabanlı bir uygulama yazılımı geliştirilmiştir.

Günümüz siber saldırıların ne zaman, nereden gelebileceği ve nasıl bir etki vereceği önceden tam olarak kestirilemediğinden alınacak önlem ve aksiyonların sürekliliği ve izlenile bilirliği sağlanmamıştır. Bunun için öncelikli olarak koruması gereken varlıklar, bu varlıklarda yer alabilecek zafiyetler ve bu zafiyetleri kullanarak zarar verebilecek tehdit unsurlarının önceden belirlenmesi ve bunlara karşı aksiyon ve önlemlerin alınması için gerekli modüller geliştirilmiştir.

Bu yazılımda sahip olunan varlıklar üzerinde tespit edilen tehdit ve açıklıklara karşı alınacak kontrol ve önlemlerin varlık, tehdit, zafiyet ve kontrol veri tabanlarının bir arada kullanılmasına imkân vermekte ve bunların planlı bir şekilde takip ve raporlamasını sunmaktadır. Siber önlem sistemi(SOS) olarak geliştirilen uygulama bu yönüyle yeni bir yöntemin geliştirmesi olarak bu esere katkı sağlamıştır.

Geliştirilen bu uygulama siber saldırılara karşı önceden hazırlıklı olmayı hedefleyen, olası saldırılar karşısında mümkün olan en az zararla yâda hiç zarar görmeden iş ve yaşamına devam etmek isteyen tüm kurumlarda uygulanabilir özellikte olmuştur. Bu eserde, siber saldırılara karşı kurumları dayanıklı hale getirmesinin yanı sıra kurum bilgi güvenliğinin sağlanmasına yönelik şu katkıları sağlamaktadır.

a) Kurumsal ve bireysel imaj, itibar ve saygınlığın korunmasına,
b) Bilgi güvenliği politikalarının etkin olarak uygulanmasına,
c) Bilgi varlıkları üzerindeki siber risklerin öngörülmesine,
d) Uluslararası güvenlik sertifikasyonlarının teminine,
e) Güvenlik yatırımlarının tasarruflu ve yerinde yapılmasına,
f) Bilgi güvenliği farkındalığının oluşmasına,
g) Bilgi varlıkları üzerindeki kapanan ve devam eden siber tehditlerin takibine,
h) Bilgi işlem personelinin güvenlik odaklı çalışma yürütmesine,
i) Yılda en az iki defa sızma testi gerçekleştirilmesi gerektiğine,

j) Ücretsiz açıklık tarama modüllerine dikkat çekmeye,
k) Test ve süreçleri bütün olarak görebilmeye,
l) Siber tehditlere karşı güvenliğin ne durumda olduğunu oluşturulan SOS yazılımı üzerinden görülmesine ve etkili tedbirlerin alınmasına yarar sağlamıştır.

Belirtilen yöntemlerin ve uygulama yazılımının işletmeler üzerinde gerekli yasal izinler önceden alınarak belli sınırlar kapsamında önerilen ağ mimarisine uygunluk, oluşturulan test metodolojisi dâhilinde sızma testi ve elde edilen sonuçların SOS benzeri bir yazılım üzerinde tutulması tavsiye edilir.

Yapılan bu eser çalışması, bütün olarak ele alındığın da bir kurumun olası siber saldırı öncesinde sahibi olduğu değerli bilgi varlıkları ve sistem kaynakları üzerindeki zafiyetleri tespit etmeye yönelik yöntem, kaynak kılavuz ve çözüm önerilerini içeren, tüm bilgi sistemleri için kullanılabilir bir uygulama yazılımı geliştirilmiştir. Bilgi sistemlerinin siber saldırılara karşı dayanıklı olabilmesi için çok katmanlı bir ağ mimarisi inşa edilmiş ve bu yapı üzerinde sızma testi metodolojisi yapılması önerilmiştir. Uygulama olarak, siber dünyadaki tehditlerin sürdürülebilir takibi ve analizi amacıyla Siber Önlem Sistemi(SOS) otomasyonu geliştirilmiştir. Ağ ve bilgi sistemlerinin kurulumundan işletimine tüm siber güvenlik süreçlerini içine alan referans kaynak niteliğinde bir çalışma olup kullanılabilir yöntem ve modülleri içermektedir.

KAYNAKLAR

1. Djamel Khadraoui, Francine Herrmann. "***Advances In Enterprise Information Technology Security***", Published in the United States of America by Information Science Reference, vol.1, pp. 1–19. (2007).

2. Peyman Kabiri, Privacy, "***Insrusion Detection and Response, Technologies for Protecting Networks***" University of Science and Technology, USA, vol.2, pp. 40–76. (2012)

3. Symantec Corp. (Nasdaq:SYMC), "***İnternet Güvenliği Tehdit Raporu***" Cilt No:17, *http://www.symantec.com/tr/tr/about/news/release/article.jsp?prid =20121113_03*, (Erişim tarihi: 21.04.2013).

4. Lech J. Janczewski and Andrew Colarik, "***Managerial Guide for Handling Cyber-Terrorism and Information Warfare***", University of Auckland, New Zealand, Idea Group Inc. vol.2, pp. 24-39, (2005).

5. Symturk, Burak Dayıoğlu, "***Statik Analiz ile Yazılım Güvenliği***", http://www.istsec.org/2011/statik_analiz_yazilim_guvenligi.pdf, (Erişim tarihi: 03.05.2013).

6. Atıf Ünaldı, "***Netizen İnternet Vatandaşı***", Alt kitap yayınları, Cilt No:1, s.10, (2003)

7. Hamid R. Nemati and Li Yang, "***Applied Cryptography for Cyber Security and Defense***", University of North Carolina and Tennessee, USA vol.1, pp. 1-31, (2011).

8. Emniyet Genel Müdürlüğü, "***Kaçakçılık ve Organize Suçlarla Mücadele 2011 Raporu***", KOM Yayınları, Yayın No:78, Mart 2010, Ankara

9. Chris Strasburg and Johnny Wong, ***"Threats, Countermeasures and Advances in Applied Information Security"***, US Department of Energy and Iowa State University, The Ames Laboratory USA). Vol.1, pp. 1-22. (2012).
10. R.Santanam, M.Virendra, M. Sethumadhavan, ***"Cyber Security, Cyber Crime and Cyber Forensics"***, Brocade Communications Systems, University of South Florida, USA, vol.3, pp. 33-45. (2011)
11. U.S. Department of Defense, ***"Sustaining U.S. Global Leadership: Priorities for 21st Century Defense"***, S.1-2, USA,(2012)
12. ASELSAN, ***"Güvenli Bilgi Paylaşımı",*** Ali Yazıcı, http://www.emo.org.tr/ ekler/fad64faae21db53_ek.pdf, (Erişim tarihi: 01.09.2012).
13. ***Britannnica***,http://www.britannica.com/EBchecked/topic/287895/ information-system(Erişim tarihi: 13.04.2012).
14. ***Türk Dil Kurumu,*** http://www.tdk.gov.tr, (Erişim tarihi: 22.09.2012).
15. Bilgi Teknolojileri ve İletişim Kurumu, ***"Yemleme-Phishing Raporu"***, Bilgi Teknolojileri ve Koordinasyon Dairesi Başkanlığı, Şubat-2011, Ankara
16. Alfreda Dudley, James Braman, Giovanni Vincenti, Lee Gillam ***" Investigating Cyber Law and Cyber Ethics"*** Towson University and University of Surrey, USA vol.5, pp. 78-99. (2012)
17. Ender Şahinaslan, ***"Standartlara Dayalı Bilgi Güvenliği Risk Analiz Ve Ölçümleme Metodolojisinin Bankacılık Sektörüne Özgü Modellenmesi Ve Uygulama Yazılımının Geliştirilmesi"***, Doktora Tezi, Fen Bilimleri Enstitüsü, Trakya Üniversitesi,(2010)

18. Manish Gupta, , ***"PragmaticApproach to Intrusion Response Metrics",*** State University of New York at Buffalo, USA, s.1,(2012)

19. Websense Security Labs ***"Websense® 2012 Threat Report"*** California. http://www.websense.com/content/home.aspx(Erişim tarihi: 02.03.2013)

20. International Telecommunication Union(ITU), ***"Siber Güvenliğe Ulusal Yaklaşım üzerine En İyi Uygulamalar Raporu, Ulusal Siber Güvenlik Çalışmalarının Organize Edilmesi için bir Yönetim Çerçeve Modeli"***, ITU Plenipotentiary Conferance, Switzerland, (2010).

21. Türkiye İstatistik Kurumu, ***"Hane halkı Bilişim Teknolojileri Kullanım Araştırması, 2012"*** Haber Bülteni, Sayı:10880, 16.08.2012, http://www.tuik.gov.tr/

22. NATO Briefings address topical Alliance.***"Public Diplomacy Division"***, http://www.nato.int/nato_static/assets/pdf/pdf_publications/20120207_new-security-challenges-tu.pdf, ~~2011~~2012

23. HP Kurumsal Güvenlik Çözümleri ***"Siber Suçların Maliyeti"*** Ponemon Enstitüsü http://www8.hp.com/tr/tr/hp-news/press-release.html?id=1346356, 09 Ekim 2012

24. Hancock, B. "***Güvenlik Bakışları***", Computers&Security, Sayı 18, s.553–64, 1999

25. Regnum, Kırgız Merkezi Seçim Komisyonunun İnternet Sitesi "***Estonyalı Hacker***", http://www.regnum.ru/english/ 932354.html, 14 December 2007

26. Foreign Policy Journal, "***Brezilya'nın Gelecek Savaş Alanı: Siber Alan***", http://www.foreignpolicyjournal.com/2009/11/15/brazils-next-battlefieldcyberspace/, 15 Kasım 2009,

27. CHIP Online, ***"Broader Way Forum-Siber Güvenlik"*** Konferansı http://www.chip.com.tr/haber/siber-guvenlik-konferansi, 15.02.13

28. Bilim ve Teknik ***"Türkiye'de Siber Güvenlik",*** Siber Güvenlik Enstitüsü, http://www.biltek.tubitak.gov.tr/, Kasım 2012,

29. Panda Security, PandaLabs, "***Quartterly Report",*** January – March 2012http://press.pandasecurity.com/wp-content/uploads/2012/05/ Quarterly-Report-PandaLabs-January-March-2012.pdf

30. Trend.Micro.incorporated, "***Evolved Threats in a Post-PC World"*** Trend Labs Annual Security Roundup, 2012, http://www.trendmicro.com/cloud-content/ us/pdfs/security-intelligence/reports/rpt-evolved-threats-in-a-post-pc-world.pdf

31. OWASP(The Open Web Application Security Project), ***"OWASP Top 10"***, https://www.owasp.org/index.php/Chapter_Leader_Handbook

32. SECUNIA, Vulnerability Review 2013 - The Highlights, ***"Find out how many vulnerabilities were discovered in the 50 most popular programs in 2012"*** http://secunia.com/vulnerability-review/vulnerability_update_top50.html, 2013

33. Arbor Networks, ***"Worldwide Infrastructure Security Report",*** DDoS Resources, http://www.arbornetworks.com/research /infrastructure-security-report-2012.

34. Prof. Dr. Mehmet Özcan, "***Terörle Mücadelede Yeni Güvenlikçi Anlayış"***, Ankara Strateji Enstitüsü Başkanı, http://www.ankarastrateji.org/ , 03 Aralık 2012

35. CNBCe Teknoloji, ***"Facebook saldırıya uğradı"*** Reuters Haber Ajansı, http://www.cnbce.com/yasam-ve-teknoloji/sosyal-medya/ facebook-saldiriya-ugradi?action=yorum, Erişim Tarihi: 16.02.2013

36. The Horizon Scan 2013, ***"Council of Europe Recommendation"*** No. Rec (2006) 4 of the Committee of Ministers to memberstates on research on biologicalmaterials of humanorigin, https://wcd.coe.int/ViewDoc.jsp?id=977859

37. Teknoloji & Bilim , ***"Sanal Suçlara Ceza"***, http://www.veteknoloji.com/siber-alemin--kanli--savaslari-60288--.html, Erişim Tarihi: 20 Ocak 2013

38. Kaspersky Lab , ***"2013 Siber Güvenlik Zirvesi"***, Kaspersky Internet Security, http://www.kaspersky.com.tr/threats, Erişim Tarihi: 30 Ocak 2013

39. ABD Poneman Enstitüsü, ***"The Economic & Productivity Impact of IT Security on Healthcare"***, Anket Araştırma Kuruluşu, http://www.ponemon.org/library/the-economic-productivity-impact-of-it-security-on-healthcare, 08 Mayıs 2013

40. Prof. Dr. Mustafa ALKAN, ***"Siber Güvenlik ve Siber Savaşlar"***, Bilgi Güvenliği Derneği, "http://www.bilgiguvenligi.org.tr/, Mayıs-2012

41. Olaf Theiler, ***"Yeni Tehditler:Siber Boyut"***, NATO Dergisi On Yıl Sonra Alınan Dersler, http://www.nato.int/docu/review/2011/11-september/Cyber-Threads/TR /index.htm, Erişim Tarihi: 02 Ocak 2013.

42. PCI (Payment Card Industry), ***"PCI Veri Güvenliği Standartları"***, SYMTURK, "http://pcidssnedir.com/pci-dss-nedir/, Erişim Tarihi: 4 Nisan 2012

43. ISACA, ***"A Business Framework for the Governance and Management of Enterprise IT"***, COBIT 5, http://www.isaca.org/Knowledge-Center/Pages/eLibrary.aspx, Erişim Tarihi: 02 Aralık 2012.

44. Laura Taylor, Matthew Slepherd, ***FISMA Certification & Accreditation Handbook, 2006*** http://www.fismacenter.com/

45. Yasin BECENİ, ***"Siber Uzayda Mahremiyet"***, Türkiye 2.Bilişim Şûrası www.bilisimsurasi.org.tr/hukuk/docs/siber_uzayda_mahremiyet.pdf, Mayıs 2004.
46. Bilişim Takip, ***"Siber Suçlarla Mücadele İçin Yeni Bir Proje"***, Sosyal Medya ve Teknoloji, http://www.bilisimtakip.com, Erişim Tarihi: 10.03.2013
47. Önder Şahinaslan, Prof.Dr. Mesut Razbonyalı, Dr.Ender Şahinaslan, ***"Ağ Güvenliği Yaşam Döngüsü"***, ab'13, Uşak Üniversitesi, Şubat 2012.
48. International Telecommunications Union, ***"Dünyada İnternet Nüfus Artışı"***, http://csrc.nist.gov/publications/nistir Erişim Tarihi: 10.11.2012
49. Microsoft Güvenlik Merkezi, ***"Güvenliği ve güvenli bilgisayarı anlama"*** http://windows.microsoft.com/tr-tr/windows-vista/ understanding-security-and-safe-computing, Erişim Tarihi: 01.03.2013
50. Önder Şahinaslan, Dr.Ender Şahinaslan, Dr.Emin Borandağ, Dr.Mutalip Şahinaslan ***"Güvenli Bir Toplumun İçin Son Kullanıcı Siber Güvenliği"*** Akademik Bilişim 2013,Akdeniz Üniversitesi, Antalya, Ocak 2013
51. Netcraft Services, ***"Reporting and Analysis"***, Phishing Alerts for Domain Registries, .net phishing sites by country, October 2012
52. Explore Deloitte, Blurring the lines, ***"2013 Technology Media and Telecommunications(TMT) Global Security Study"***, http://www.deloitte.com/tmtsecuritystudy, Eriş.Tarihi: 22.02.2013
53. Kamu Sertifikasyon Merkezi, ***"Güvenli Sunucu Sertifkasyonu(SSL)"***, Elektronik Sertifika ve e-imza Çözümleri, 2013, http://www.kamusm.gov.tr/

54. Kevin Doel, LOS GATOS, "*Worst Passwords of 2012*" CA TalonPR, Inc., http://splashdata.com/press/PR121023.htm, Erişim Tarihi: 20.02.2013

55. ZDNet, ***"Asia IT Priorities 2013 Report",*** TechRepublic, CyberSecurity, 2013, http://www.techrepublic.com/whitepapers/zdnet-asia-it-priorities-2013-report/

56. Şişeci N, Emre B, ***"Yeni Nesil DDoS Saldırıları ve Savunma Yöntemleri-I"*** TÜBİTAK-Bilgem, 2012, http://www.tubitak.gov.tr/bilgem

57. Ulusal Bilgi Güvenliği Kapısı(BILGEM), ***"İşletim Sistemleri Güvenliği",*** 2012 http://www.bilgiguvenligi.gov.tr/kilavuz-dokumanlar/index.php

58. Önder Şahinaslan, Ender Şahinaslan Mesut Razbonyalı, ***"Open Source Administration Software and Implementation Results for Ensuring Electronic Communication and Information Security"*** S:2, Gediz University ISCSE 2010

59. E-SİBER Bilgi-İletişim Teknolojileri, "***SSL (Secure Socket Layer) Protokolü Nedir"*** M, Mekin PESEN, 13.09.2011, http://www.e-siber.com/

60. BThaber, ***"Siber güvenlik tedbirleri şirketlere zorunlu oluyor"*** 27 Mayıs 2012, http://www.bthaber.com/siber-guvenlik-tedbirleri-sirketlere-zorunlu-oluyor/

61. Nebula Bilişim Sistemleri, ***"Güvenlik Denetimi ve Penetrasyon Testi"***, http://www.nebulabilisim.com.tr/hizmetler/guvenlik-denetimi-ve-penetrasyon-testi, Erişim Tarihi: 20.03.2013

62. Bülent T, "***Bütünleşik Güvenlik Yönetim Sistemi"*** EMEA Intelligence Conference, İstanbul, 29 February 2012

63. Demirez K, "Linux BackTrack5", Nirvana Yayınları, Y.No:79, Eylül 2011

64. Bilgi Güvenliği Akademisi, ***"Makaleler",*** http://www.bga.com.tr/, 2012

65. Shakeel Ali, Tedi Heriyanto, BackTrack 4: Assuring Security by Penetration Testing, First Packt Publishing, UK, April 2011

66. CERT Coordination Center (CERT/CC), ***"Vulnerability Analysis"*** Software Engineering Institute, http://www.cert.org/certcc.html, CyLab, 2013

67. Önder Şahinaslan, Ender Şahinaslan, Arzu Kantürk, ***"Kablosuz Ağlarda Bilgi Güvenliği ve Farkındalık"*** S:4, 3.Ağ ve Bilgi Güvenliği Ulusal Sempozyumu, TMMOB Elektrik Mühendisleri Odası, 2010, Ankara

68. Bilgi Teknolojileri ve İletişim Kurumu, ***"Genişbant Hizmetlerinde Şeffaflık Düzenlemeleri ve Hizmet Kalitesi Uygulamaları"***, Bilgi Teknolojileri ve Koordinasyon Dairesi Başkanlığı 2012 Araştırma Raporu, Eylül-2012, Ankara http://www.tk.gov.tr/kutuphane_ve_veribankasi/raporlar, Nisan 2013

69. Cisco Systems, Inc, ***"Adaptive Security Appliance Software",*** Cisco DocWiki:Security, http://www.cisco.com, Erişim Tarihi: 10.12.2012

70. Technical Guide to Information Security Testing and Assessment- ***"Special Publication",*** 800-115, http:///www.*csrc.nist.gov/Publications*, 2013

71. Şeref Sağıroğlu, ***"Siber Bilgi Güvenliği ve Savunma Yöntemleri"*** Gazi Üniversitesi, Fen Bilimleri Enstitüsü ceng.gazi.edu.tr/~guvenlik/BBG5.pdf,(2013)

72. ISO/IEC 27005. (2008). Information Technology–Security Techniques–"***Information Security Risk Management***". The International Organization for Standardization, 2010

73. Fatih Özavcı, "***Metasploit Framework Giriş Seviyesi Denetmen Rehberi***", GamaSEC Bilgi Güvenliği Denetim ve Danışmanlık, S.1-251, Ankara, Ocak 2013

74. Offensive Security, "***The Exploit Database***", A Great Resource for Penetration Testers, Vulnerability Researchers, and Security Addicts Alike, CVE and Archive, http://www.exploit-db.com/, and http://1337day.com/, 2013

75. Douglas J. Landoll, "***The Security Risk Assessment Handbook***", A Complete Guide for Performing Security Risk Assessment, Taylor&Francis Group LLC, New York-US, 2006

76. Thomas R. Peltier, "***Information Security Risk Analysis***", Asset Protection and Security Management Handbook, Information Technology Control and Audit, CRC Press, London, 2005

FSC
www.fsc.org
MIX
Papier | Fördert
gute Waldnutzung
FSC® C083411

Kolibri 360 GmbH
Ferdinand-Jühlke-Straße 7
99095 Erfurt, Deutschland
produktsicherheit@kolibri360.de

Druck:
CPI Druckdienstleistungen GmbH
im Auftrag der
Kolibri 360 GmbH
Ferdinand-Jühlke-Str. 7
99095 Erfurt